U0661903

品中国名医

一退 著

上海文艺出版社

目　　录

200……… 姚崇(初唐 650—721)

大器晚成,为武则天、唐睿宗、唐玄宗三朝宰相。清正廉洁,治世有方。一生不改自己的品性,被称为"救时宰相",为开元盛世打下良好基础。正气多多,毛泽东赞其为"大政治家"。

200……… 寇准(北宋 961—1023)

臭脾气,有硬度,宋太宗把他比作魏征。可也得罪不少人,只要对朝局有利的事,他就要说,还得理不让人。力主对契丹强硬,督促宋真宗亲临檀渊,鼓舞士气。两次罢相,四度被贬。最终客死雷州。

200……… 文天祥(南宋 1236—1283)

状元,风骨凛然。贾似道当权,文天祥被免职回乡。蒙古军入侵,文天祥起而勤王。后为右丞相,出使蒙古军营被俘后逃走,继续抗元。再度被俘遭囚禁数年,坚贞不屈被杀。一首狱中的《正气歌》,至今传唱不绝。

200……… 于谦(明初 1398—1457)

性格刚硬,不屈不挠。因不贿赂太监王振,被王振指使人诬陷,关进监狱,释放后被贬为地方官。土木堡之役后,京师恐慌,于谦等拥立郕王为帝。调兵遣将,保卫京师。英宗复辟后,杀了于谦。令人扼腕。

200……… 林则徐(晚清 1785—1850)

曾为两广、湖广等三地总督,主张学习外国人的文化技术,被誉为"睁眼看世界的第一人"。虎门销烟,大长中国人的志气,却被发配至新疆伊犁。但百折不挠,依然挺立。预言中国领土要被俄国人吞占,后果然应验。

200……… 影响中国的人们

萧　何

（西汉前 257—前 193）

西汉第一丞相。慧眼识人，识刘邦，识韩信，识自己（识自己比识刘邦、韩信还难），识大局。他有器量，平实，不激烈。楚汉战争时，在汉中为后勤部长，巩固基地。开国后，删除秦法中的苛繁，制定《九章律》，为汉代律法之宗。

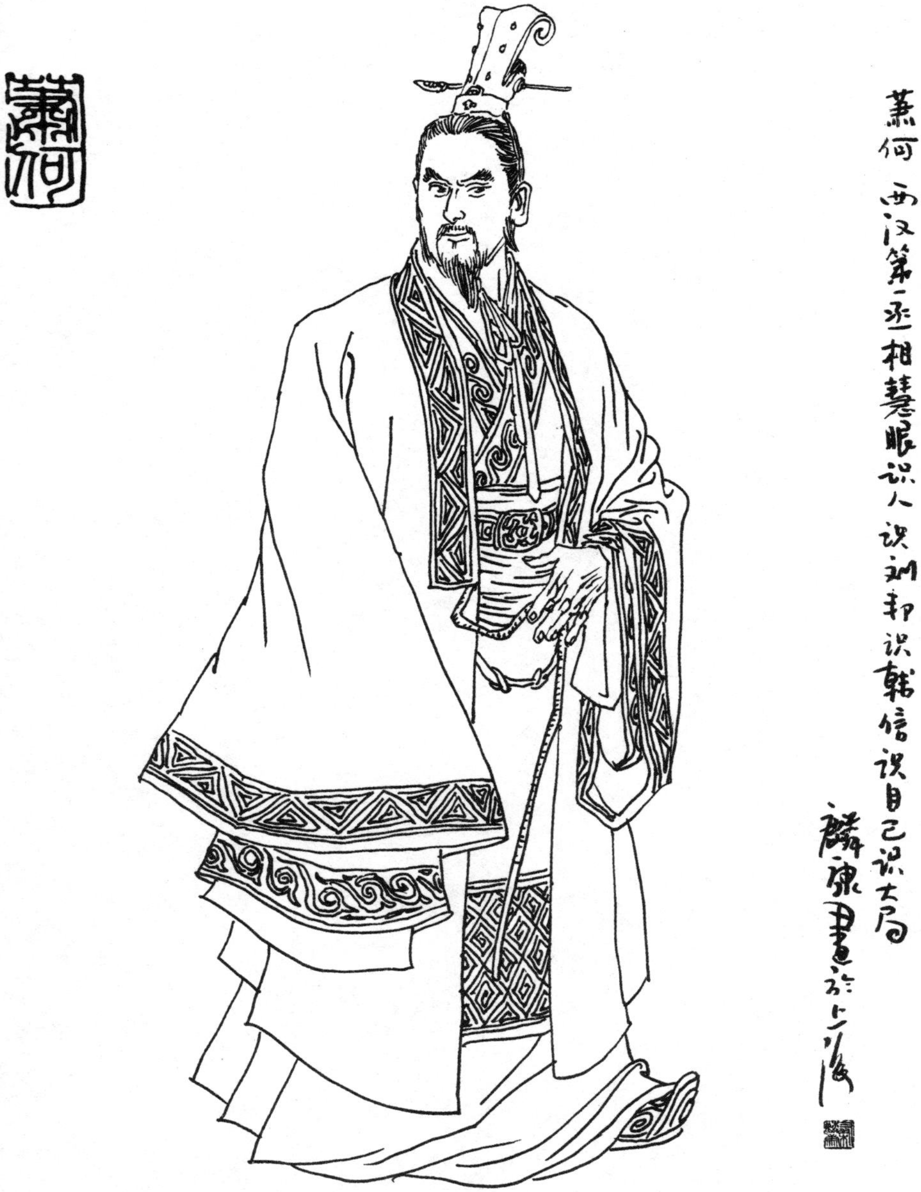
萧何
萧何 西汉第一丞相慧眼识人 识刘邦 识韩信 识自己 识大局
麟康画於上海

1

有不少事情很奇怪。比如说人才,有时是家族式,北宋苏轼一家,就一下子冒出“三父子”,之后就再也没有这样的大才了。有时是地域式。西汉的沛县,今天江苏的沛县,再怎么看,也不像出人才的地方,一马平川,很角落的一个地方,但就围绕着刘邦,出了一大片:萧何、曹参、樊哙、周勃等。自此后,就不行了,俗话说是地气拔尽了。到东汉,又转移到南阳蔡阳一带,成就刘秀的一帮。

话归正题。

刘邦就像红太阳,萧何等就是星星。其中萧何是星星中的星星。

又让人奇怪,刘邦迹近一流氓,萧何就怎么看中了刘邦?不能不说是萧何有一双慧眼,能透过现象看本质。刘邦的一帮人中,萧何当时混得最好,县主吏,相当于县委办主任。刘邦是泗上亭亭长,和村长差不多。四十多岁还是光棍一条。有个私生子。喜欢喝酒,喝了酒不给钱。他也没有钱。

还犯过几次事,都是萧何帮着化解掉。

可刘邦心胸广,仗义,有胆识,能结交朋友,人又聪慧。这样的人在承平之世,也许不会有大出息,但于乱世,就能呼风唤雨,成大气候。

这是双什么眼睛?只能说是慧眼,能穿透迷雾看见本质的智慧之眼。

作为日后的名臣，没有这双眼睛，就成不了名臣。我总想，萧何在暗地里不时打量着刘邦。这一帮人中，萧何是老大哥。

刘邦和萧何都是丰邑人。萧何家族比刘邦大。

刘亭长到秦都咸阳服徭役，别的官员都送三百钱，萧何送了五百。

萧何不显山，不露水，务实、温和、干练，很受上司看重。沛县属泗水郡，御史到泗水郡来考核，萧何把工作做得滴水不漏，勤快，会办事，嘴又会说，考核为第一。御史看上了萧何，要调他到上面去。萧何坚决辞谢。

也许萧何在冥冥中等待着什么。

秦王朝仿佛是统一六国将力气用尽了，只有短短的十五年就土崩瓦解。也可说是君主专制的摸索期，或试验品。推行郡县制是功，暴力统治则是过。加上丞相赵高的胡来，秦朝的寿命很快丧在赵高的手里。

赵高是个标准的小人，是中车府令。秦始皇在东巡中死去，赵高和李斯矫诏杀了正直的太子扶苏，扶很另类的胡亥坐上皇位。胡亥以"税民深者为明吏"，"杀人众者为忠臣"，标准的昏君。昏君加奸臣，天下就完。

一般来说，造反都是年轻人的事，容易血气奔涌。陈胜、吴广都年轻。四十来岁是中晚年，血气不那么旺盛。但一旦举事，成功率往往高。

芒砀山在今河南永城。山不高，最高峰才一百多米。但山丘不少。刘邦和百把人藏在这里。刘邦送役夫到骊山，但半路上人们逃走了不少。刘邦觉得到骊山人们能逃走完，按照秦法定会治他的罪。到丰西泽，他酒后夜里把人都放走了，和十几个人躲到了二百多里外的芒砀山。

秦二世二年，即公元前209年。

秋天的阳光很好。

刘邦吃了酒后，躺在山坡上眯着眼看太阳。就见山下一个人上来。他仔细一瞧，是连襟樊哙。樊哙是屠狗的，嗓门大，长相生猛，老远就喊："大哥，有好事来了。"

刘邦问什么好事。樊哙说："陈胜、吴广在蕲县大泽乡举事了，攻城略地,声势很大。不少县里杀了县令响应。咱县县令也想投奔他们。萧何、曹参对县令说,你是秦的官吏,要背叛秦,率人投奔造反者。恐怕没有人会听。不如召回那些逃亡的,他们有几百人,让他们胁迫众人,众人就会听从了。县令答应让大哥带人回县城。”

刘邦哈哈笑出声来:这个萧何啊。

大泽乡距沛县一百多里,距此地三四百里,他也听说了陈胜吴广的事,正不知如何举动,来了好事。回到沛县。沛县好啊,有他一大帮朋友。

就此事看,刘邦举事的导火索,是萧何、曹参点起的。倘若刘邦不回沛县,而是直接投奔陈胜,结局很难说。没有自己的骨干团队,很容易被打散。有了团队后,自己挑头干,容易形成势力。

2

但事情有了变化。樊哙走后,县令就后悔了,害怕刘邦会杀了自己。于是关闭城门,还要杀掉萧何、曹参。

刘邦带人把县城围了起来。萧何、曹参偷偷跑了出来,来见刘邦。刘邦大喜。后来刘邦就一路顺风,取了沛县。他射了一封信进城,似一颗政治炮弹在城中爆炸。信中说,各地诸侯都纷纷起事,难免要屠城。如果此时城中父老将县令杀掉,立一个年轻人为首领,可以避免老少被杀的灾难。城中少年果然把县令杀了,迎接刘邦进城。

史料没有说这个绝妙的主意是谁出的,信是谁写的。但我想极有可能是萧何或曹参。两人是文吏,在绢上写封信是完全可能的。

进了县城后,推举县令。人们都推举刘邦,刘邦有百十号弟兄,心胸高。但刘邦推辞,说自己没有才能,怕当不好头领,保全不了父老兄弟。让另推举他人。司马迁的《史记·高祖本纪》中说,“萧、曹皆文吏,自爱,恐不就,秦种族其家,尽让刘季。”是说萧何、曹参都是文吏,顾惜自己的生命,怕出头椽子先烂,起事不成秦朝杀了全家,都推举刘邦。

似乎不很真实。文吏就怕死?想得多?只要你造反,被逮住一定是要诛全族。既然造反,这一切都扔脑后了。

应该是萧何、曹参看刘邦有大能力,而两人却只是依附型人物,不能主持全局,故而推举刘邦。

一开始,萧曹就找准了自己的位置,而且后来就没有变过。说慧眼,这也是慧眼,认识自己的慧眼。某种时候认识别人容易,认识自己难,后来的韩信就是认识不了自己被杀。甘当配角并不是任何人都能做到的,有的人是在经历了很多事后,才认识到自己不能当主角。有的人一当配角就犯糊涂。反观萧何,一辈子不犯糊涂,很不容易。

自此,萧何将自己的命运和刘邦捆在了一起。刘邦令他督察诸事。

他没有在军事谋略上为刘邦出多少主意,也没有带兵打过仗。但刘备很看重他,还是因他有眼光。

话说刘邦在众多的起义诸侯中,只是一支,力量不大。他投靠了项羽的叔父项梁。项梁立熊心为楚怀王。熊心害怕项梁家势力大。项梁和项伯是弟兄,还有两个侄子—项羽、项庄,尤其是项羽,有万夫不当之勇。

项梁战死后,熊心要项羽去救赵国,和秦的主力作战。二要刘邦入关。并约定谁先入关就为王。偏向刘邦,项羽如得势,就没有熊心的好日子。刘邦有了张良的出谋划策,斩关夺隘,入了咸阳。秦王子婴捆着自己,献上了兵符和印玺。

刘邦高兴得手舞足蹈,看到金碧辉煌的王宫以及数以千计的美人,眼花缭乱,想留在宫中不走。在张良和樊哙的劝说下,勉强离开王宫。将领们则纷纷争抢奇珍异宝。

只有萧何让人封了丞相、御史府,挑了忠实可靠的人将府中的户籍、地形、律令等图书装上车,运回军内。

这是个大举措。后来刘邦对天下大势(地理状况、户籍、百姓疾苦等)的了解,都多多得益于这些图书的掌握。表明萧何的眼光在这件事上超过了刘邦,也看准了刘邦一定要得天下。

这些图书是一个丞相一定要掌握的。此时说萧何就看准了自己要做丞相未免过早,但梦还是可以做做的。

3

项羽得知刘邦入关后,勃然大怒,搞了个鸿门宴,要杀刘邦,但刘很低调,邦躲过了这一关。后来项羽就封刘邦为汉王。项羽想把刘邦堵死于汉中。为防止刘邦东出,项羽又把关中分为三块,封秦朝三名降将为王,关住大门。立章邯为雍王,统辖咸阳以西。司马欣为塞王,管理咸阳以东到黄河的地方。都尉董翳为翟王,统治上郡。治所在今天的延安。

刘邦大为恼怒,想要和项羽决一死战。樊哙、周勃等劝说刘邦忍耐。刘邦不听。

萧何道:"虽然在汉中为王不好,但还是比死强?"

刘邦反问:"怎么会死?"

"此时我等不如人家,百战百败,不死还能怎样?《周书》说:'上天给你的你不要,就会受到灾祸'。俗语说'天汉',以汉配天,名称非常美好。能够在一人之下受委屈,却在万乘诸侯之上伸张其志的,是商汤、武王。为臣希望大王在汉中称王,休养百姓,招致贤才,收用巴蜀的财力,回军平定三秦,就可以谋取天下了。"

刘邦笑了:"好。"

于是去封国即位,任命萧何为丞相。

这就是萧何的智慧,有战略眼光,精准分析和把握天下大势。还会说服人。等同于诸葛亮在隆中对刘备的分析。事后证明,萧何是对的。

萧何眼光的另一智慧,是看好韩信。

韩信是淮阴人,距离沛县不是太远,极有军事才能。刘邦得天下,智谋靠张良,军事靠韩信。但韩信初到刘邦处,刘邦并没有很看得上。此人家里很穷,带着一把剑乞讨度日。天下纷乱,才将他的才能发挥出来。他先投项羽,得不到重视,才又投刘邦。此时,刘邦已经称王。

萧何究竟如何看好韩信的,史料上没有说。因为韩信此时还没有一点名堂,只是个连傲,大概是管理仓库和接待宾客的小官。肚子里有不少牢骚。不知为何犯了事,要腰斩。腰斩是用铡刀自腰部斩为两段。监斩的是夏侯婴,夏侯婴是刘邦的哥们儿。已有十三个人被斩,但韩信不怕死,躺在砧板上瞪着眼睛问夏侯婴:"上不欲就天下乎?何为斩壮士!"

夏侯婴再看韩信的相貌,很奇伟,就放了韩信。

能说这种话的,有两个人。一个是韩信,一个是郦食其。郦食其是个儒生,刘邦最见不得酸儒生,曾经拿着儒生的帽子撒尿。郦食其去见刘邦,刘邦不愿意,故意叫两个女子给自己洗脚。郦食其就说:“你要想灭秦,就不要这样对待长者。”刘邦一听,急忙请郦食其入了上座。郦食其为刘邦献计,取了陈留城。

韩信就没有这样的好运。夏侯婴对刘邦说了韩信后,也没有引起刘邦的重视,只委派他为治粟都尉。但引起了萧何的重视。

此时萧何见了韩信,和他谈了不少话,知道韩信胸中有百万兵。

刘邦此时在汉中,建都陕西汉中的南郑。

汉中是个不错的地方,但沛县来的弟兄不习惯这里的生活,也许有人觉得刘邦不会有大出息,就纷纷逃跑回沛县。当然刘邦的主要骨干都没有走。

一天,刘邦的手下来禀报说,丞相也骑着马跑了。

> 上大怒,如失左右手。居一二日,何来谒上,上且怒且喜,骂何曰:“若亡,何也?”何曰:“臣不敢亡也,臣追亡者。”上曰:“若所追者谁何?”曰:“韩信也。”上复骂曰:“诸将亡者以十数,公无所追;追信,诈也。”何曰:“诸将易得耳。至如信者,国士无双。王必欲长王汉中,无所事信;必欲争天下,非信无所与计事者。顾王策安所决耳。”王曰:“吾亦欲东耳,安能郁郁久居此乎?”何曰:“王计必欲东,能用信,信即留;不能用,信终亡耳。”王曰:“吾为公以为将。”何曰:“虽为将,信必不留。”王曰:“以为大将。”何曰:“幸甚。”于是王欲召信拜之。何曰:“王素慢无礼,今拜大将如呼小儿耳,此乃信所以去也。王必欲拜之,择良日,斋戒,设坛场,具礼,乃可耳。”王许之。
>
> ——司马迁《史记·淮阴侯列传》

有一出京剧叫《萧何月下追韩信》,演的就是这件事。也是典故“成也萧何败也萧何”的前半部分。没有萧何,就没有韩信。

萧何去追得很急,来不及报告刘邦,怕韩信跑掉。夏侯婴也去了。萧何把韩信看得很高,“国士无双”,没有第二个人能赶上。樊哙、夏侯婴等都不在话下。他强调刘邦要只想为汉中王,就可以不需要韩信,要想有大大的宏图,必得韩信不行。刘邦日夜都想出汉中,但还是说"吾为公以为将",我为你拜他为将。有些勉强。萧何要求拜为大将。还要很隆重的礼仪。因为刘邦一向拜大将像呼唤小儿,故而这次要不同往日,特别隆重。要选个好日子,沐浴不能吃肉,还要筑个高台,有旗帜飘扬等等。

拜将这天,将领们以为是要拜自己,不想却是拜名不见经传的韩信,都深深吃了一惊。

萧何是怎样识得韩信的,就是眼力。谈话是一方面,感觉很重要。第一眼的感觉。是只可意会不可言传的东西,让他认定了韩信。

4

拜为大将后,刘邦和韩信有次长谈,韩信信心满满,说刘邦一定能胜得了项羽,项羽"名虽为霸,实失天下心。故曰其强易弱"。说刘邦虽然勇力不如项羽,但项羽性格复杂,容易暴怒,但又有妇人之仁。对人很礼貌,也会关心人,但将士有功要封爵的时候,自己能把印玩得失去棱角还舍不得给将军。然后又说项羽残暴,不得人心,策略失当。刘邦得民心,如果向东挺进,只要一封文书,三秦封地就可以定局。

韩信的话虽不无夸张,但刘邦满意。后人把这番话叫《汉中策》。

当然韩信只是军事家,不是政治家。历来都是政治家管军事家,就像二十世纪我党的党管军事。

刘邦还是没有用好韩信。也可说信任不够。

公元前206年,他照韩信的计谋东出,用曹参做先锋,一个月后即定三秦。后来直下彭城,被项羽杀回来,打了个大败而逃。张良劝他重用韩信。刘邦才拜韩信为左丞相。

韩信发了飙,一口气下了代、魏、赵、燕四国,表明这人真是军事天才。

代国很小,在今天河北蔚县,很容易攻下。魏国就相当费力,一支部队声东击西,奇袭他的重镇。等到魏王豹来救,就猛扑上去,吃掉他。赵王歇有二十万人马,韩信只有三万人,但背水一战,愣是又吃掉了赵王歇。接着又降服了燕国。

然后矛头直指齐国，项羽派了二十万人来救，也被韩信秋风扫落叶般收拾掉。但就在这时候，他犯了个历史性的错误。

他派人给刘邦上书说，为了好管理齐国这一大片地方，请刘邦给自己一个假齐王的封号，他不知道刘邦最见不得这个。

刘邦当时在荥阳被围，一见书信，勃然大怒，骂道："我在这儿被围困，日夜盼着你来帮助我，你却想自立为王！"

张良、陈平暗中却踩刘邦的脚，凑近刘邦的耳朵说："眼下汉军处境不利，怎么能禁止韩信称王？不如趁机册立他为王，好好地待他，让他自己镇守齐国，不然可能发生变乱。"刘邦醒悟，又故意骂道："大丈夫平定了诸侯，就做真王罢了，何必做个暂时代理的王呢？"就派张良前往，册立韩信为齐王，征调他的军队攻打楚军。

就此开始，刘邦对韩信有了看法。

此时萧何留守汉中。或许他对前方的情形不是很清楚，听说自己推荐的韩信节节胜利，他只有高兴。韩信将北方的一大片土地收拾了个干净，对刘邦来说，有战略意义。

萧何主要是后勤保障，巩固基地，要看好太子、生产粮食、建筑宫舍、挑选和训练后备士卒。刘邦吃了几次败仗，每次都有士卒源源不断补充。刘邦如同吃了定心丸。

也是对萧何将来作为大国丞相的预演。汉中虽小，也要好好治理，他建立宗庙、制定律令。有关统治方面，他代刘邦行事，有的先向刘邦禀告，有的来不及，就事后禀告，刘邦很满意他的作为。

5

汉三年，即前204，刘邦与项羽对峙于京县、索亭之间（河南洛阳与荥阳之间），刘邦多次自前方派遣使者慰劳萧何。

萧何却一点不怀疑。

一天，有个叫鲍生的人对萧何说："汉王在前线风餐露宿，却多次派使者来慰劳你，这是有怀疑你的心意。为你着想，不如派遣你的子孙兄弟中能打仗的人都到军营中效力，汉王必定更加信任你。"

于是萧何听从了他的谋划，汉王非常高兴。

这是刘邦对萧何的第一次怀疑。刘邦的疑心非常大，没一个人他不怀疑。这是天子的特权。也是专制社会的恶果。如果不是鲍生的提醒，萧何就会危机。韩信和萧何比就不行，有个叫蒯通的来提醒他，说，你手握重兵，可以和刘、项三分天下。功高震主，汉刘邦会收拾你的。但他听不进。

前206，刘邦和项羽在垓下一战，项羽全军覆没，自刎而死。韩信是前线总指挥。也只有韩信能充当这样的角色。

刘邦当了皇帝。韩信的命运就岌岌可危了。

但此时还没有。

刘邦定都洛阳，一天，在南宫置酒设宴，问群臣："朕为何能有天下，项羽为何失天下？"他想总结经验。

高起、王陵回答说："陛下傲慢而且好侮辱别人；项羽仁厚而且爱护别人。可是陛下派人攻打城池夺取土地，所攻下和降服的地方就分封给人们，跟天下人同享利益。而项羽却妒贤嫉能，有功的就忌妒人家，有才能的就怀疑人家，打了胜仗不给人家授功，夺得了土地不给人家好处，这就是他失去天下的原因。"

刘邦不以为然："你们只知其一，不知其二。运筹帷幄之中，决胜于千里之外，我比不上张子房；镇守国家，安抚百姓，供给粮饷，保证运粮道路不被阻断，我比不上萧何；统率百万大军，战则必胜，攻则必取，我比不上韩信。这三个人都是人中的俊杰，我却能够使用他们，这就是我能够取得天下的原因所在。项羽虽然有一位范增却不信用，这就是他被我擒获的原因。"

刘邦很春风得意，虽说是说自己的能耐，但也赞扬了张良、萧何、韩信是三杰。刘邦的话里有潜台词：别看你们厉害，都在我手心里攥着。张良和萧何听懂了，因为他们是政治家。韩信听不懂。他是军事家。军事家只对付战场上的敌人，政治家却要内外对付。

刘邦得了天下，要论功行赏。但群臣争功，一年多了，功劳的大小也没能定下来。一天，刘邦说萧何的功劳最显赫，封他为酂侯，给予的食邑最多。

群臣们不满意，说："我们身披战甲，手执兵器，出生入死，多的身经百战，少的交锋十回合，攻占城池，夺取地盘，都立了大小不等的战功。可萧丞相只是舞文弄墨，发发议论，封赏倒反在我等之上，这是为何？”

刘邦掀髯一笑说：“诸位懂得打猎吗？”

群臣说：“懂得。”

刘邦又问：“知道猎狗吗？”

群臣说：“知道。”

刘邦道：“打猎时，追咬野兽的是猎狗，但发现野兽踪迹，指出野兽所在地方的是猎人。而今大家仅能捉到野兽而已，功劳不过像猎狗。至于萧何，发现野兽踪迹，指明猎取目标，功劳如同猎人。再说诸位只是个人追随我，多的不过一家两三个人。而萧何让自己本族里的几十人都来随我打天下，功劳是不能忘怀的。”

群臣都不敢再言语了。

刘邦把群臣比作猎狗，萧何比作猎人。虽说刻薄，可也真抬举萧何。也就是说在刘邦眼里，韩信、曹参等都不过是猎狗而已。

封赏后，还要评定位次，群臣又说：“平阳侯曹参身受七十处创伤，攻城夺地，功劳最多，应排在第一位。”

刘邦不说话。

关内侯鄂千秋却说：“各位大臣的主张不对。平阳侯虽有转战各处、夺取地盘的功劳，但不过是一时的事情。大王与楚军相持五年，常常失掉军队，士卒逃散，只身逃走有好几次。而萧丞相常从关中派遣军队补充前线，这些都不是大王下令让他做的，数万士卒开赴前线时正值大王最危急之时，这种情况已有多次。汉军与楚军在荥阳对垒数年，军中没有现存的口粮，萧丞相自关中运粮，军粮供应从不匮乏。陛下虽然多次失掉崤山以东的地区，但萧丞相一直保全关中等待着陛下，这是万世不朽的功勋。如今即使没有上百个曹参这样的人，对汉室又有何损失？汉室得到了这些人也不一定得以保全。怎么能让一时的功劳凌驾在万世功勋之上呢！应该是萧何排第一位，曹参居次。”

刘邦说：“好。”

于是便确定萧何为第一位，特恩许他带剑穿鞋上殿，上朝时可以不按礼仪小步快走。

6

次年十二月,刘邦听说韩信要造反,就用陈平的计,到楚国逮了韩信,押回都城。不过没有杀,只是降为淮阴侯。放在自己身边,免得管不住。

有次韩信和刘邦谈话。刘邦问:“你看我能带多少兵?”刘邦期望值不低。韩信却说:“陛下不过十万。”刘邦又问韩信能带多少? 韩信说:“臣多多益善。”意思是越多越好。

刘邦笑道:“你多多益善,为何被我捉住啊?”

韩信也笑:“陛下不能带兵,但善于带将。故而我被你捉住,何况陛下是天授,不是人力所能达到的。”

最后这句,还不算错。但前面那句就不对了。虽然找了补,但刘邦还是不高兴。

此时有不少将领造反,都是异姓王,刘邦很担心。

有人建议刘邦定都长安,他命萧何去建筑未央宫。萧何将未央宫建得雄伟高大,刘邦看后很恼怒,红着脸说:“我和匈奴苦战数年,胜败未定,宫殿如此高大,不是太过分?”

刘邦很少在萧何面前发怒。

萧何道:“正因天下还没有安定,才可以利用这个时机建成宫殿。再说,天子以四海为家,宫殿不壮丽就无法树立天子的威严,而且也不能让后世超过呀。”

刘邦这才高兴了。他需要树立权威,未央宫就是权威的象征。

不能简单地说萧何在巴结刘邦,作为丞相,他希望国家稳定、发达、兴旺,把宫殿盖大也不算错。

韩信是被吕后杀的,不是刘邦直接杀的。刘邦没有在家,陈豨作乱,刘邦去平乱。刘邦对陈豨也不放心,养了一千多个门客,要做什么?据说韩信和陈豨有联系,是韩信的一个门客得罪韩信,韩信要处死门客。门客的弟弟禀告的。说韩信要假借圣旨杀死吕后和太子。

吕后派人请萧何,刀子样的目光盯着萧何:“丞相看怎么办?”

张良是为刘邦摇羽毛扇的,吕后不问,偏偏问他。他清楚,闹不好,就把自己和韩信划在了一起。韩信毕竟是自己推荐的。

他很快拿出主意:韩信最相信我,我去说有人从刘邦那里回来,说陈豨已死,朝臣都要入朝庆贺。韩信来后就抓住他。

韩信果然入朝,被蜂拥而上的武士们抓住,在钟室里杀死。

对韩信的死,历来有两种争论,一是说被冤,他没有作乱。二是说作乱。双方都有理由。我不大相信作乱的说法。既然作乱,为何杀死得那么匆忙?他有没有同党?为何不经过审讯?

如果韩信没有作乱,萧何出这样的计策,就要受到谴责了。但情势是萧何必须站在刘家一边。他无可选择。吕后说韩信造反,他能为韩信辩白?也许从刘邦把韩信逮到京城,他就下意识和韩信划清了界限。

刘邦在前线听说吕后除了韩信,又惊又喜,然后派使者拜萧何为相国,加封五千户,命令士卒五百人和一个都尉为相国护卫。相国原来叫相帮,因"帮"和"邦"谐音,因避讳改为相国。

人们都来庆贺,只有一个叫召平的表示哀悼。此人原来是秦的东陵侯。秦亡后,成为平民,很穷,在长安城东种瓜,瓜很甜美,人称"东陵瓜"。

召平对萧何说:"相国的灾祸就此开始了。皇上露营在外,而你在朝中留守,没有遭受箭石之苦,还给你加封置卫,是因为淮阴侯刚反叛,对你有疑心。配置守卫护卫你,不是恩宠你的。望你辞谢封赏不受,以全部家产资助军队。"

萧何听了召平的话,冷汗从后背下来,急忙点头称谢。照召平所说去做了,刘皇上很高兴。

萧何在刘邦面前几乎是战战兢兢,如履薄冰。和周恩来在毛泽东面前很相似。

刘邦和萧何之间的戏还在继续上演。这年秋天,黥布又造反,刘皇上亲自率军攻打,又多次派使者问相国在做什么。回答说:"因为皇上在军中,所以相国安抚勉励百姓,倾家所有资助军事,像平陈豨时那样。"

门客听到后,又劝说萧何道:"你不久就要被灭族了。你位为相国,功劳第一,无以复加。然而你刚入关时,本来就很得民心,已有十几年。都已亲附你,你仍孜孜不倦以得民和。皇上之所以多次问你,是怕你倾动关中。如今你为何不多买田地,低息借贷以自损声名,皇上一定会安心。”

萧何听其计策,就照着做,刘邦听说后就很高兴。

7

这天,刘邦平定黥布后归来,被百姓在路上拦住,上书说相国强行贱买百姓田宅数千万。

刘邦回朝后,萧何去谒见。

刘邦笑道:“相国竟向百姓取利!”于是吩咐人把百姓上的书都给了萧何,说:“你自己向百姓谢罪吧!”

萧何却反为百姓请求说:“长安地窄,上林中有很多空地,丢弃不用,望能让百姓进去耕种,不要收了藁秸做兽食。”

刘邦大怒道:“你接受了人的很多贿赂,替他们请求朕的林苑!”于是把萧何交给廷尉,带上刑具拘禁起来。

数天后,卫尉有个姓王的侍奉皇上,上前问道:“相国犯了什么大罪,陛下那么粗暴地拘禁他?”

刘邦说:“朕听说李斯为秦皇帝作丞相,有善行就归于主上,有错就归于自己.当今相国受了商人贿赂,为他们请求朕的林苑,来自己讨好于百姓,故而拘捕治罪。”

姓王的说:“供职办事有利于民的就向上请求,是真正的宰相的责任。陛下怎么能怀疑相国接受了商人的钱呢!况且陛下抗拒楚军数年,陈、黥布反叛时,陛下亲自率军前往,那时相国守在关中,关中稍有举动,关西就不归陛下所有了。相国不在此时图利,难道会贪图商人的钱吗?何况秦朝因为听不进说自己的过错而丢掉了天下,李斯的与君分过,又何足效法?陛下何至于把宰相看得如此浅薄?”

刘邦还是不高兴。但知道自己错了。

这一天,刘邦派人放出了萧何。

萧何年纪已老,一向恭谨,光着脚入朝谢罪。

刘邦说:“相国不要这样!相国为百姓请求朕的林苑未得允许,朕不过是桀纣之主,而相国是贤相。朕之所以拘捕相国,是想让百姓知道朕的过错。”

刘邦真是会掩盖自己。但还是不满意萧何。讽刺萧何是贤相,自己是昏君桀纣。

相国和皇帝的游戏不少时候是猫和鼠的游戏。皇帝处在极端的位置。萧何没有办法才自己朝自己身上泼脏水。但因为百姓求情,还是受了惩罚。但出狱后,还赤脚谢罪,在刘邦面前,失却了自己。这是专制制度对人性的扭曲。中国和西方不同。西方岛国多,都是城邦,人少好统治。中国是内陆,人多,好像非要专制才行。自大禹的儿子启开始,就是世袭。后来就是一言堂,法律是用来约束皇帝以下的。刘邦还不算昏君,但他和后来的朱元璋一样,是农民皇帝。数年时间,由农民变成皇帝。他不自信,自卑。也不相信任何人。朱元璋大杀功臣也是这样。相反,有的开国皇帝就不这样,如刘秀、李渊、李世民。

丞相在皇帝手下只能小心翼翼,这样还谈什么创造性。专制在一个相当长时期,是推动社会发展的。汉唐大体是这样。到后来就成了社会的阻碍。如明清。

汉十二年(前195),刘邦去世。儿子刘盈即位。刘盈软弱,吕后掌权。但吕后也听萧何的。基本方略还是刘邦时定的。

萧何看到秦王朝那样短暂,他汲取了教训,绝对不做赵高那样的丞相。要长治久安就必得减轻百姓负担。《汉书》中说,“民失作业,而大饥馑;人相食,死者过半自天子不能具醇驷,而将相或乘牛车。”百姓再也经不起折腾了,战国打了二百来年,秦只十几年,之后又是七年战争。只能采用休养生息的办法。

在此前后,他制定了《九章律》,就是律法。刘邦当年入关,曾与民有“约法三章”,但此时过于简略,在此基础上,又参照秦法,制定了九章。删除了秦法的苛繁、严酷,使法令更为简明,为西汉的逐步强盛奠定了良好基础。

萧何对自己也苛刻。在贫苦偏僻的地方建造房舍,还不设围墙。要子孙学自己的简朴。

孝惠帝二年,萧何病重,孝惠帝刘盈亲自来探视病情,问道:“你如果故去了,谁可以接替呢?”

萧何答:“了解臣下的莫过于君主。”

孝惠帝说:“曹参如何?”

萧何叩头道:“陛下得到合适的人选了!我死也不遗憾!”

这就是萧何,光明磊落的萧何。他和曹参原本不错,后来一个为将,一个为相,就有了摩擦。但关键时刻,萧何想到了曹参。只有曹参能继承自己的思路。

这一年,一代贤相走到了人生的终点。

曹参此时在齐王为相,齐王就是刘邦私生子刘肥。听说萧何去世,对手下说:“我要回朝当丞相了。”曹参也自信,并信萧何会荐自己。曹参为相后,赶走了想一味追求声誉的属官,自己却整天喝酒,不理政事。有卿大夫想来劝解他,他就劝人喝酒,只喝得大醉而归,忘记了来的目的。

他的儿子曹窋是中大夫,刘盈对曹参这样很不满意,好像是看不起自己,让曹窋回去问问父亲:整天喝酒,“何以忧天下乎?”曹窋回去问曹参,结果被父亲打了二百板子,说是:“天下事不是你所当言的。”

曹参去见刘盈,刘盈说你儿子的话是我让说的。

曹参脱帽谢罪说:“请陛下自己仔细考虑一下,在圣明英武上你和高帝谁强?”刘盈说:“我怎么敢跟先帝相比呢!”曹参说:“陛下看我和萧何谁更贤能?”惠帝说:“您好像不如萧何。”曹参说:“陛下说的这番话很对。高帝与萧何平定了天下,法令已经明确,如今陛下垂衣拱手,我等谨守各自的职责,遵循原有的法度而不随意更改,不就行了吗?”

三年后,曹参去世。百姓歌之曰:“萧何为法,颟若画一;曹参代之,守而勿失。载其清净,民以宁一。”

颟:直、明。萧何制定法令,明确划一;曹参接替萧何为相,遵守萧何制定的法度而不改变。曹参施行他那清静无为的做法,百姓因而安宁不乱。

后来有成语叫“萧规曹随”。

两人都可称为名臣。他们为社稷,更为百姓着想。百姓安定,天下就稳。这是古今不变的道理。

霍光

（西汉？—前68）

为汉昭帝的辅政大臣，除掉一个个政治对手，秉政专权二十年。注重民生，轻徭薄赋，发展生产，对西汉的稳定起到积极作用。因专权，也背了不少骂名。有人说他专权是读书少。其实还是性格原因。王安石、张居正读书都不少，同样专权。

霍光字子孟河东平阳人是汉武帝时期的重要谋臣 麟康畫於上海

霍光

霍光是影响汉代历史的一个人物。

有几个关键词:深思、果敢、专权。

深思是说他老成持重,凡事深思熟虑。果敢是想好了,就立即行动。专权就是独揽大权,对觊觎他权力的绝不客气。

霍光是外戚,敢于废帝,表明他极有思想。后世对他专权褒贬不一,多数人肯定,认为霍光专权应该,专来专去,都是为了刘家天下。对朝廷和社会稳定有积极作用。他改写了一般皇帝和大臣的关系,所以惹得一些人不痛快。把霍光和王莽连在一起,说他诱导了后来的王莽。其实王莽也不是一团糟,只是太食古不化,或者说太理想主义。

当然霍光专权后面有很大的背景和利益所在:政治背景和经济利益。

1

汉武帝元狩四年(前119)春,柳树吐绿,鸟儿飞跃。这天方近中午,四十来岁的小吏霍中孺正在平阳(今山西临汾西南)家中,忽然有官员走来,到霍中孺面前说,“骠骑将军要见你。”

霍中孺立时大惊失色,骠骑将军霍去病那是何等人物,前年两次率大军击匈奴,俘虏匈奴王等,歼灭四万多人,怎么会要见我?他以为自己没听清楚,又问,“你说什么?”官员道:“骠骑将军要见你。”

完了。这下完了。霍中孺有些绝望。绝望中,他想不起自己究竟做了什么错事。他请官员到家里坐,官员说不坐,霍将军立马就要见你。他不安地问,“将军为何要见在下?”

官员摇头。

忐忑不安的霍中孺来到馆舍,硬着头皮等待一场灾祸。但万万没有想到他刚跪下,霍去病竟纳头便拜,还口中一个劲地叫着“父亲大人”。他愣住了,自己怎么会有这样一个青年将军儿子?他以为青年将军搞错了。但将军说卫少儿是自己的母亲,也就是当今皇后卫子夫的姐姐,他才想起了原委。

二十二年前,他在平阳侯曹寿家中为小吏,和侍女卫少儿相好。后来他就离开了,回到平阳,娶妻生子。绝没想到当年乱撒种会有如今的收获。霍中孺禁不住惊喜交加,流下了热泪。

霍中孺问儿子母亲的情形,霍去病笑着说,很好很好。

随后,霍去病说自己要到漠北横扫匈奴,回来后一定还来看他。儿子临走前,为霍中孺买了不少田地和奴婢。

数月后,霍去病凯旋归来。又来看望霍中孺,霍去病见到弟弟霍光,不禁眼前一亮,说:好弟弟,你随我到长安去吧。

霍光自然求之不得。

班固在《汉书·霍光金日磾传》这样描述霍光:“光为人沉静详审,长财七尺三寸,白皙,疏眉目,美须髯。”此时,霍光只有十多岁,但个头已经相当高了,身材颀长。白净脸,眉毛和眼睛分得很开。很阳光的小青年。所以霍去病喜欢。

也许,冥冥之中,霍去病感到了死亡的临近。两年后,霍去病病死。

但给霍光带来了无比的机遇。倘若没有这个异母兄长,霍光极有可能一辈子待在平阳这个小地方。

接下来,霍光就交了好运。开始为郎官,后又为诸曹的侍中,内廷的机要秘书吧。

霍去病二十四岁就有病去世,汉武帝大为悲恸。他把霍去病看为栋梁,栋梁的失去,让他偏爱霍光,升迁其为奉车都尉,不久又为光禄大夫。

汉武帝在位五十二年,直到公元前 87 年,二十几年间,霍光一直兢兢业业。这是个很聪明的人,汉武帝很欣赏。

雄才大略的汉武帝晚年也犯糊涂。征和二年(前91),他相信了一个叫江充的小人,江充为直指绣衣使者,专管纠察贵戚近臣过失。太子刘据有错,他照样奏明皇上。汉武帝有病,江充说是“巫蛊”作乱,并栽赃刘据宫中有“桐木人”。刘据被迫杀了江充,并矫诏发兵自卫。武帝大怒,调兵平乱,双方死了几万人。刘据被处死,也连累了他母亲,卫子夫自杀身亡。

好在这场巫蛊之祸没有牵扯到霍光。霍光老成持重,“每出入下殿门,止进有常处,郎仆射窃识视之,不失尺寸,其资性端正如此”。进出大殿的门,脚步都踏在同一个地方。他是不经意的,但表明他性格稳重。卫皇后虽是他小姨,但没有牵扯到他。

2

汉武帝有六个儿子,刘据死了,其余的都有问题。他要立钩弋夫人的儿子刘弗陵为太子,但没有明说。一天,他让画师画了周公辅佐成王图送给霍光。意思很明显,要霍光辅佐年幼的刘弗陵。他很相信霍光。

后元二年(前87)春二月的一天,阳光明媚,汉武帝游五柞宫,忽然病重。霍光伏在汉武帝面前哭泣着问道:“如有不讳,谁当嗣者?”汉武帝皱着眉头道,“你不理解朕赐你画的意思?立最小的儿子,你行周公事。”

以霍光的聪明,不会不理解。他只是要皇上亲口说出来。再者这样问,也显得他老实,没有非分之想。在皇上面前,不可表现自己的聪明。

汉武帝临终前一天,封霍光为大司马大将军,人臣之极。共同辅政的还有车骑将军金日磾、左将军上官桀、御史大夫桑弘羊等,都是厉害角色。宰相田千秋反倒是平和。田千秋原为高寝郎,太子被江充害,他感到冤枉,上书诉冤。汉武帝醒悟,封其为大鸿胪,数月后为宰相。

翌日,汉武帝去世。八岁的刘弗陵即位。改名刘弗,为汉昭帝。

无疑,这是个风口浪尖。四十出头的霍光想的什么,我们不得而知。但从后来的轨迹看,他应该想的是不负重托。刘弗陵是西汉第六个皇帝,从来还没有如此年幼就登基的,周岁只七岁。

照褚少孙在《史记》补记中的说法,汉武帝怕吕后的事重演,将钩弋夫人赐死。这会让霍光的路好走些。但同时再一次显示政治的残酷。政治不讲温情,不讲人性。后面霍光和政敌的较量,也同样如此。

霍光专权,原因很多。一是机遇。汉武帝太雄主,在世时掌管一切,把宰相的事情都管了。宰相代表政府,对皇权是一种制衡。他死后儿子幼小,怕宰相夺权,就用霍光代表皇权。本来大司马没有宰相大,但田千秋服从霍光。二是性格。霍光刚毅稳重,这种人创新精神不强,但忠诚可靠,守业还行。汉武帝就是看重这个。不然那么多人,独独看中霍光。当然汉武帝还留有一手,他也怕外戚过分专权,就让金日磾共同辅政。我想是制约霍光,如吕后时的周勃一样。可惜金日磾早死。不过霍光早有对策,早早就把女儿嫁给金日磾的二儿子。

就霍光的心理,他的稳重,极可能和自卑有关。外表强大,不容人,表面内心自卑。他出身太差。不是老父亲风流一夜,哪有他的地位?尽管汉代不计较这个,但说起来总是不好。

霍光开始时并不专权。皇上年幼,需要人坐镇。宫中夜里常有古怪,不是有怪异的叫声,就是有人看到有发光物体。宫人常常半夜大叫奔跑,就连当值的大臣们也惊扰。霍光以为有人要生事,就让人找来符玺郎,让把玉玺交出来。符玺郎不给,说没有皇上之命,任何人休想得到国玺。霍光十分恼怒,要上前夺。符玺郎退后一步,按着宝剑叫道:"臣子的头你可得到,国玺你休想得到。"

霍光恼恨之极。忽然又笑了。这是对皇上的忠心啊。他赞叹着,拍了拍符玺郎的肩头。

翌日,他奏请昭帝升了符玺郎两级。

此事传出,众人莫不赞赏霍光。说霍光忠贞、大度。

金日磾是个武夫,因擒谋反的莽何罗有功,被封为侯。辅政的第二年就病死,可以不去说他。但上官桀不寻常。孔武有力,看起来也像武夫,但心思缜密。原为未央厩令,汉武帝有病好后,见到马匹很瘦,就发怒说,你以为会死啊。上官桀流泪道,微臣顾念皇上的病,没有心思照料马匹。汉武帝转怒为喜,升为侍中。

原来他和霍光关系不错,两人是儿女亲家。霍光的女儿嫁给上官桀的儿子上官安。霍光休假的时候，上官桀就代他处理公务。

汉武帝未死前，上官桀已位列九卿，地位高于霍光。此时地位不如霍光，未免心中不满。

上官桀的孙女叫凤儿，很可爱，四五岁，到处充满她银铃般的笑声。霍光也很喜欢这个外孙女。一天，上官桀和儿子、儿媳带着孙女来走亲戚，还拿着不少礼物。霍光有些奇怪，酒至半酣，上官桀说，亲家，托你将凤儿带进宫如何？

霍光以为是带进宫玩，就说，好啊。刚要出口，猛然想不对。上官桀就可以带凤儿进宫玩啊。他是要让凤儿进宫女，将来做昭帝的皇后，自己好有依靠。

霍光也想让凤儿进宫。但凤儿将来一旦被宠幸，第一个得势的是上官桀，而不是他霍光。

上官桀见霍光不说话，就说，这也不是大事，难道你不巴着凤儿富贵？

霍光说，凤儿还太小，大了些再说。

不欢而散。上官桀父子都黑着脸。

霍光和上官桀开始有嫌隙。上官桀岳父喜欢的一个太医，一次进错了殿门，被霍光照章问成死罪。上官桀求过霍光，霍光不答应。上官桀很不愿意。

上官桀父子为凤儿的事大动脑筋，上官安转而找到了一个叫丁外人的。丁外人是昭帝刘弗的姐姐鄂邑盖长公主的情夫。霍光也知道，但是睁一只眼闭一只眼。鄂邑盖长公主平常照料刘弗。上官安对丁外人说，听说公主在为皇上物色皇后，我有个女儿，端庄秀丽。能不能进宫，就全靠你了。按照旧列，公主配列侯。到时你也可以封侯。丁外人日夜就想封侯。对公主一说，公主也很高兴，让上官凤儿进宫为婕妤，数月后为皇后。上官桀父子不禁大喜。很快，上官安为骠骑将军，并封为桑乐侯。

上官安不是个有把持的人，到处吹嘘自己是皇上的岳父。喝醉酒后，光着身子在内宅里行走。

不过上官桀求封丁外人为侯时，霍光没有答应。这让上官桀父子更恨上了霍光，连公主也恨霍光。上官父子也想专权做霍光，也就是说，霍光不专权，就是上官父子专权。

3

恨霍光的还有不少。

燕王刘旦，御史大夫桑弘羊等。

刘旦是汉武帝的儿子，博学多才，很想子承父业。但武帝察觉后，将其下狱。刘弗即位后释放。刘旦依然还想做皇帝。有霍光在，他就做不成。

桑弘羊是理财家，很精明，跟随汉武帝四十年，财政他说了算。有过不少对历史产生影响的经济改革。这是个进取心极强的人。汉武帝晚年不愿意过分激化内外矛盾，对外变攻为守，对内休养生息。但桑弘羊上书，主张在轮台（今新疆轮台县）屯田，仍保持进攻匈奴态势，受了汉武帝斥责，桑弘羊并未觉悟。此时已经六十来岁，资格比霍光老，也对霍光不服气。

始元六年（前81），谏大夫杜延年向霍光进言，说"年岁比不登，流民未尽还，宜修孝文时政，示以俭约宽和，顺天心，说（同悦）民意，年岁宜应。"就是提倡节俭，如孝文帝一样，让百姓休养生息。霍光大为满意。让各郡推举贤良文学六十多人，到京城商讨。其实五年前，霍光就要廷尉王平等五人赴各地察举贤良文学。

贤良文学不是官，而是名士。于是有了著名的盐铁会议。内容很广，有政治问题如应重刑罚还是重德教，有军事问题如抗击匈奴好还是与之和亲对，更多的是汉武帝所施行的盐铁、均输、酒榷、币制、算缗告缗等一系列财政经济政策。汉宣帝时汝南人桓宽根据当时会议的记录，整理成《盐铁论》一书。

桑弘羊代表官方，有一百一十四次发言。贤良文学是民间代表。

双方争论激烈。贤良文学全盘否定汉武帝轮台诏以前的官方经济政策，说很多改革扰民。桑弘羊则坚持。

没有人知道霍光开这次会议的目的。他没有参加会，但很重视。显然他不同意桑弘羊，但也不全面同意贤良文学。他同意桑弘羊对外的轮台屯田,否定桑弘羊的某些对内政策。他需要的是休养生息。他很好地理解了汉武帝的思想。他是个守成派,不是改革派。皇帝年幼,自己又没有很高的眼光是其一。再者国家再经不起折腾。这是对大势的判断。

但桑弘羊还是要坚持自己的不变。

就当时看,霍光是正确的。桑弘羊的政策起到过很大作用,但环境变了,他还不变,就阻碍了发展。就整个历史说,桑弘羊提倡工商业发展,有进步作用。如果汉唐一直照这个路子走,中国早就不是农业国了。而霍光有较强的判断力和处事能力,想象力却不过尔尔。

会后,霍光给了贤良文学列大夫的官爵,表示他倾向于贤良文学一方。情势对桑弘羊不利。但桑弘羊如不参加刘旦的谋反,应该没事。

刘旦想当皇帝,上官桀想主政。上官桀想利用刘旦,取胜后再除去刘旦,自己主政。这是个美妙的设计。

刘旦散布谣言,说刘弗不是汉武帝的儿子。还说刘弗是靠几个人才坐上龙椅的。

接着又挑拨刘弗和霍光的关系。

计划是这样:以刘旦的名义上书昭帝,说霍光正在检阅京都兵备,京都附近道路已封锁;霍光将被匈奴扣留十九年的苏武召回来,任为典属国,想借取匈奴兵力;霍光擅自调动所属兵力。霍光要自立为帝。刘旦为了防止奸臣变乱,要入朝宿卫。上官桀则等到霍光外出休假时,将奏章送至昭帝手中,而后再由他按照奏章内容来宣布霍光的"罪状",桑弘羊组织朝臣共同胁迫霍光退位,从而废掉汉昭帝。

计划很美好,可惜不好实现。昭帝已经十四岁,成熟早,能分辨是非。接到奏章后,压了下来。

这日早朝,霍光也已知道奏章的事,就站"周公负成王图"的画室中,不去朝见,以此要求刘弗表明态度。刘弗见没有霍光,就向朝臣打听,上官桀乘机答说:"因燕王告发他的罪状,他不敢来上朝了。"

刘弗却十分平静,要霍光入朝。霍光来后,卸下帽子说自己有罪。刘弗却道:"爱卿还是戴上帽子,朕知道那书信是诽谤爱卿,爱卿无罪。"

霍光激动得哭了,还是皇上了解自己。他顾不上惊讶,小小的皇上是如何明辨是非的？刘弗继续说：“倘若爱卿要调动兵力，用不了十天，燕王远在外地，如何能够知道呢！况且，爱卿如真的要推翻朕，那也无须如此大动干戈！”

所有大臣包括霍光，都对昭帝如此聪明善断表示惊叹。这是刘家的大幸。由此霍光的辅政地位得到了稳固。

4

上官桀等人的阴谋败露后，仍不收手，还继续诽谤，“上辄怒曰：‘大将军忠臣，先帝所属以辅朕身，敢有毁者坐之。’自是桀等不敢复言。”于是干脆来硬的，准备武装政变，杀掉霍光。由长公主设宴请霍光，命埋伏的士兵动手，然后废除汉昭帝。

危急之时，长公主门下一名管理稻田租税的官员将他们的阴谋向大司农杨敞（司马迁之婿）告发，杨敞觉得事情太大，就装病，但转告了谏大夫杜延年。杜延年急忙告诉霍光。

于是昭帝发布诏令，将这些阴谋家逮捕。长公主、刘旦自知不得赦免，遂先后自杀。上官桀、桑弘羊、丁外人等被处死。桑弘羊的儿子桑迁逃跑到他父亲老部下侯史吴的家，后来还是被抓住处死。

这次事变，让后人称霍光为“伊霍”。霍光意识到非专权不可。然而霍光太过了些，以至于权倾天下。

霍光用刑苛刻，当时大概不知道侯史吴曾窝藏桑迁。遇到大赦，侯史吴自首，廷尉王平和少府徐仁认为当赦免。侍御史认为不当赦免。徐仁是田千秋的女婿，田千秋想保侯史吴，就召集中二千石官员和博士开会，众人都知道霍光的意思，说侯史吴犯了不道罪。霍光想连同田千秋一起问罪，说田擅自开会。后经杜延年劝说，霍光杀了侯史吴、王平和徐仁，放过田千秋。

其实杀桑迁就算勉强，又连杀三人，实在有些过。霍家后来遭罪，和霍光用刑太过有关。

霍光除了自家人，谁也不敢相信。他一家人统统为官。儿子霍禹及其兄之孙霍云皆为中郎将，霍云之弟霍山为奉车都尉侍中，领胡越兵；霍光的两个女婿范明友、邓广汉为东西宫校尉，其他昆弟、诸婿、外孙皆为奉朝请、诸曹大夫、骑都尉、给事中。昭帝行冠礼后,霍光理应归政,但霍光还继续执政。究竟是刘弗不愿意执政,还是霍光不愿意还政,就只有他两个人知道。

这为后来埋下了祸根。

元平元年(前74年),二十二岁的刘弗陵病死。据说霍光怕上官凤儿的地位动摇,不让刘弗陵和其他女子接触。也有说借口刘弗陵身体不好,让宫女都穿前后有裆的"穷裤"。刘弗陵没有后代。因其无后,群臣推举广陵王刘胥继位,刘胥是武帝唯一在世的儿子。但刘胥好倡乐逸游,动作无法度,不为武帝所喜,亦不孚众望,所以有郎官提出广陵王刘胥不可以承宗庙的意见以后,霍光当即欣喜。他不愿刘胥为帝,刘胥是刘弗陵的兄长,为帝后,上官凤儿的地位不好处理。如果刘胥一定要以自己母亲为太后,上官凤儿就不好办。霍光对郎官很赞赏,升迁为太守。遂以皇太后诏昌邑王刘贺继位。皇太后就是霍光的外孙女上官凤儿。凤儿其时十五岁。

刘贺是昌邑哀王刘髆之子,十九岁。五岁时,父亲因谋反被汉武帝所杀。刘贺入世不深,接到诏命后迫不及待。即位后,整日和跟随自己来的一班人马亲近,疏远霍光。霍光看着不舒服,也怕自己地位不稳。霍光的标准是皇上得听自己的,自己一直到死都掌权。当然自己绝对忠于汉室,自己代表汉室。

二十七天后,刘贺被废。理由是行淫乱、失帝王礼仪,乱汉制度等。共做了一千一百二十七件事,多数是错的。

可以看出,霍光是瞪大眼珠观察,派人监视汇报,看是否称职。不过废除皇帝并不是一件轻而易举的事。闹不好,不是社稷不稳,就是霍光的地位不稳。

极有可能刘贺要废除霍光。刘贺"变易节上黄旄以赤"。节是节信,符节。上边有旄。变更旄的颜色,就是要做大事,让原来的失效。

霍光很忧虑,和大司农田延年商量。田延年建议他另立他人。霍光问前朝可有这样的例子?田延年说,有。商汤时的相国伊尹就是放逐太甲。大将军就是当今的伊尹。

车骑将军张安世也和霍光交好,霍光又和张安世商量。张安世也同意另立。

霍光就以田延年为给事中，可以出入宫禁，为自己的助手。霍光先让田延年将事情通报给丞相杨敞，杨敞胆小，吓得出一身汗，不敢表态。倒是杨敞夫人机敏，看出事情苗头，趁杨敞方便时对他说，大将军已定下，你不听，就会第一个被诛。杨敞答应了田延年。

有人向刘贺进谏，要他听霍光的。刘贺没有当一回事。

《汉书·霍光金日磾传》说：丞相、御史、将军、列侯、中二千石、大夫、博士会议未央宫。光曰："昌邑王行昏乱，恐危社稷，如何？"群臣皆惊愕失色，莫敢发言，但唯唯而已。田延年前，离席按剑，曰："先帝属将军以幼孤，寄将军以天下，以将军忠贤能安刘氏也。今群下鼎沸，社稷将倾，且汉之传谥常为孝者，以长有天下，令宗庙血食也。如令汉家绝祀，将军虽死，何面目见先帝于地下乎？今日之议，不得旋踵。群臣后应者，臣请剑斩之。"光谢曰："九卿责光是也。天下匈匈不安，光当受难。"于是议者皆叩头，曰："万姓之命在于将军，唯大将军令。"

霍光和田延年，一个唱红脸，一个唱白脸。田延年假意责备霍光，然后话锋一转，要众臣都听霍光的，谁不听就要杀谁。关键时刻，还是性命重要。都表态听霍光的。

于是刘贺被废。历史上大臣废掉皇上的不多。

但刘贺此时还不自知，连一点警觉都没有，可见刘贺也不是个合格的皇上。霍光率群臣奏明太后，太后自然听霍光的。太后驾临未央宫，吩咐不让刘贺群臣进宫。刘贺还不明白，对霍光说："慢慢来嘛，有什么事闹得怪吓人的？"

这是霍光的第一步，先解除刘贺身边的人。于是逮了二百多人。刘贺还在迷糊，说，他们犯了何罪，大将军要把他们都逮起来？话未说完，传来太后的旨意，说要见他，他才慌了脚。

刘贺被废后，霍光亲自送刘贺回到昌邑（今山东巨野县昌邑镇）。霍光哭了。当然此时的哭纯粹是猫哭老鼠。随后霍光还让人监视刘贺。刘贺也相当后悔没有杀掉霍光。他的群臣被斩时，都大声疾呼说他，当断不断，反受其乱。后来刘贺又被贬到江西永修为海昏侯，数年后死去。

霍光废帝，后被人称作政变。

就此事可见霍光的手腕非同一般。除掉上官桀还可以说不是主动,但这次是主动。本来丞相代表政府,皇帝是领袖,有一种制约。霍光凌驾于丞相之上,就破坏了这种关系。这种破坏,也是专制的产物。等于一枚硬币的两面。本来是皇帝专制的,但皇帝实力弱,就会成了反面。再向前跨一步,就成了王莽了。其实就是王莽,也不应该谴责。他就是想当皇帝,有什么错?

5

霍光看中了刘据的孙子刘询。刘询原名刘病已,十八岁。襁褓之中的他因巫蛊之祸入牢狱,后被外祖母收养在民间。武帝后期祖父的案平反,刘询回宫。刘询了解民间疾苦,本人性情刚毅、内敛,知道节俭。关键是刘询没有自己的私人势力,完全受控制。几乎和刘贺两样。

霍光以为刘询会听他的。看上去老实。其实刘询是哑巴吃饺子——心里有数。刘询是一代英主,无论内治还是外功,都很值得称道。应该说,首先还是霍光的功劳。霍光有私心不错,要皇帝得听他的,但也还是为了汉代社稷。

霍光想起了符节令眭弘,不由为眭弘叹了口气。眭弘五年前错解虫食文。当时出现两件大事。一是泰山上的石头自行立起来。二是上林的皇家园林柳树有虫食文。也就是虫子将树叶咬成文字:公孙病已当立。也怪眭弘自己没有闹清楚,把公孙当成姓公孙的,说汉家天下要改姓。这是妖言惑众,要改朝换代。不杀眭弘怎么行?

天人感应,也不见得全是迷信。

还说刘询和霍光。前74年,刘询为帝。两人的关系相当微妙。

刘询赏给霍光食邑七千户,加上以前的食邑共计二万户。先后赏赐有黄金七千斤,钱六千万,各色丝织物三万匹,奴婢一百七十人,马二千匹,华贵的住宅一所。

霍光表示要归政,其实是做做样子。他不会放心刘询。刘询自然知道,就要霍光继续执政。霍光也不客气,大小事都先禀报自己,其次才是刘询。霍光总是表情严肃,刘询谒见高庙,霍光骖乘,刘询感到“芒刺在背”,生怕出什么事。后来换了张安世,刘询才愉快。说刘询心理负担很大。

摩擦开始了。不是刘询和霍光的摩擦,而是刘询和霍光妻子的摩擦。

霍光的妻子叫显,不是个安分的人,比霍光还霸道些。霍光后世遭难就来自此人。此人原来是霍光夫人的陪嫁丫鬟,迷住了霍光。正室死后,就为霍光继室,和霍光有一个子女。霍光和她想让女儿霍成君为皇后。

刘询原来有妻子,叫许平君,是个平民。刘询愿意将许平君立为皇后,但不好明说。众大臣不了解刘询的心思,说霍光的女儿可立为后。刘询不说同意,也不说不同意。只说自己喜欢原来的一把宝剑。还是有聪明人猜出皇帝的心思,是想立许平君。于是挑明了,刘询就立许平君为皇后。刘询还想立岳父许广汉为侯,霍光反对说许广汉受过宫刑。刘询只得作罢。许广汉原来为昌邑王郎,武帝时,他误取别人的马鞍披到自己的马上,被以为盗窃论死,后宫刑。

宝贝女儿没有成皇后,让霍光和妻子很生气。霍光只是生了气就算了,毕竟人家原来有妻子。但他妻子就很阴毒。

许平君是很好一个女人,对谁都好,对比自己小的太后也很好。但霍光的妻子想害死她,只有害死她,自己的女儿才能为皇后。于是买通了一个叫淳于衍的女医,利用许皇后临产的机会下毒药附子,将许平君毒死。

许平君死得蹊跷,刘询怀疑有人捣鬼,将有关人员抓了起来。霍光的妻子有些害怕,将事情告诉霍光。霍光大惊,责备妻子,想要追究妻子,但最终没有,而是说许皇后病故是身体孱弱,将有关人员放了。

显出了霍光的私心。

霍成君顺理成章做了皇后。刘询有疑问,没证据,只好将疑问存心里。这是个能隐忍的人。也假意对新皇后不错。

霍光生活奢靡,有男宠叫冯子都,是霍光家的管家奴。霍光有事常和他筹划,很多官员都讨好他。

6

地节二年(前68)三月,霍光病重。刘询来看他,还流了眼泪。这眼泪有多少是真的，不好说。总让人疑心和霍光在刘贺面前的流泪差不多少。

此时霍光知道自己不久于世，但还依然要抓权，上书说“愿分国邑三千户，以封兄孙奉车都尉山列侯，奉骠骑将军去病祀”。刘询想霍光的意思是要封儿子，当天就封霍禹为右将军。

霍光死得很风光。刘询来了，太中大夫任宣与侍御史五人奉命来为霍光护丧。朝中俸禄在两千石以上的官员都要到霍光家中去祭拜。刘询又赐给大批的金钱、锦缎、葬器，其中还包括规格很高的玉衣、梓宫、便房和黄肠题凑等。以极为奢华的方式安葬了霍光，并追谥他为宣成侯，葬到了茂陵也就是武帝陵不远的地方。

不久，就传出霍光妻子害死许皇后的事。但刘询还是隐忍不发。他似乎在等待着什么。同时还封霍山为乐平侯，以奉车都尉领尚书事。

果然被他等到了。霍光的妻子和冯子都淫乱是一。再者私自扩大霍光的坟墓规模。“起三出阙，筑神道，北临昭灵，南出承恩，盛饰祠室……”

刘询该做自己想做的事了。翌年夏天，刘询先封岳父为平恩侯，然后用御史大夫魏相为给事中。魏相上书霍光的子弟不法，应削侯。刘询很欣赏。

霍山、霍禹也就不像话，以为还是霍光在时，广置家宅，经常在府中骑马作乐。霍云则经常请假不上朝谒见刘询，而是与宾客外出打猎游玩，只派一名家奴替他上朝，朝中竟无人敢斥责他。

明明把刘询不当一回事。

其实霍山不上朝也有原因，刘询上朝，经常一竹竿扎到底，直接过问政事。霍山的尚书成了摆设。

霍光的妻子对霍禹、霍山、霍云等人说：“你们不能承继大将军的余业，当今魏相做了给事中，如果有朝一日，有人弹劾我们霍家，你们能救得了自己吗？”

霍禹的大司马有名无实，就称病罢朝。霍禹以前的长史任宣来看他。霍禹愤愤地说：“我哪里有病？当今皇上不是因为我父大将军，岂能有今天？此时大将军尸骨未寒，他竟然极力排斥我们霍家，而重用许、史两家，真是气死人了。”

任宣见霍禹怨望极深,就劝他说:“昔日大将军的做法怎能再次来过?国家权柄、生杀大权皆操在大将军手中。当初廷尉李种、王平等皆因忤逆了大将军的意愿而下狱致死;一些小人物却因得到了大将军的宠信而飞黄腾达。情况不同了,许、史两家都是当今皇上的骨肉至亲,享受尊贵是理所应当的。如果大司马对此怀恨在心,我认为这是不适当的。”

霍禹无言以对,过了一些时日,又照常上朝了。

霍家是在吃老本,完全不明了形势的变化,所以要垮。虽然霍禹上朝,但心里并没有真正服气。

霍家的家奴和魏相的家奴争道,两下闹起来。霍家的人到魏相家要砸塌魏相的门,魏相叩头才罢。魏相自然不放过霍家。

刘询一步步消掉霍家的权力:霍禹为大司马,无印绶,罢其右将军屯兵官署;霍光长女婿邓广汉由长乐卫尉调任少府;女婿、度辽将军、未央卫尉范明友调任光禄勋,不久,又收其度辽将军印;次女婿、诸吏中郎将、羽林监任胜出京城,为安定太守;霍光姊之女婿张朔由给事中、光禄大夫调任蜀郡太守;收中女婿赵平骑都尉印绶,调任散骑都尉、光禄大夫,赴外地屯兵;孙婿、中郎将王汉调任武威太守。霍氏家族诸将从前统领的胡越骑、羽林及两宫卫将屯兵,全部改由宣帝亲信的许、史两家子弟统领。

霍家人感到了末日来临,在一起抱头痛哭。霍光的妻子说了曾谋害许皇后的事,霍禹等大吃一惊。此时魏相又做了丞相,他们等待魏相犯法,好抓住把柄。但魏相很清廉,不犯法。他们无奈。

地节三年(前67),许皇后的儿子刘奭被立为太子。霍光的妻子气得吐血,说:“这是民间时的儿子,怎么能立为太子?”她怕自己的女儿以后日子不好过,更怕自己的罪行暴露,就铤而走险。再一次故伎重演,要自己的女儿毒死太子。幸亏刘询让左右对儿子照看得紧,阴谋没有得逞。现在也有人怀疑霍成君下毒,说有可能是买通想害霍家的人。刘询一听就信了。

据说他们要谋反,也有起因。一个叫张赦的,是霍云的舅舅李竟的好友,见霍家岌岌可危,就对李竟说:“如今丞相与平恩侯当权,可叫太夫人告诉太后,先把这两个人杀了。罢黜陛下,就在于皇太后。”

张章听说后，就告发了这件事，刘询就把此事交给廷尉处理。执金吾拘捕了张赦等人，后来又有诏令制止，不准拘捕。

后来又发现张竟交通诸侯王，逮了张竟。张竟说出了霍家的一些事。刘询将霍禹、霍山等免官，让在家居住。

接着刘询又责备霍光的几个女儿对太后无礼……

霍家出现很多怪事：老鼠极多，用尾巴乱画。猫头鹰在树上叫，家里人做噩梦……

很苦恼，霍山道："丞相擅自减少宗庙供品的羔羊、兔子、青蛙，可以用这来定他的罪。"他们设谋叫太后为刘询外祖母设置酒席，把丞相、平恩侯以下的官员招来，让范明友、邓广汉奉太后的指令将他们斩首，乘机罢除天子而立霍禹为帝。

计划还未实施，霍云就被任命为玄菟太守，太中大夫任宣被任命为代郡太守。霍山又因为抄写宫禁秘书犯法，显为此上书表示愿献出城西的宅第及一千匹马用以赎霍山的罪。刘询在奏书上只批覆知道了。

刚好他们的密谋又被人告发，霍云、霍山、范明友自杀，显、霍禹、邓广汉等人被捕捉。霍禹被腰斩，显及她的几个女儿兄弟都被处死。唯独霍后被废黜幽禁在昭台宣。

牵连而被诛杀灭族的有数千家。

好在刘询没有改变霍光时的政策，依然是轻徭薄税，百姓安足。

纵观霍光和霍光身后的事，让人扼腕兴叹。先说霍光一生，轰轰烈烈，能干的事都干了。基本是秉公治国，国也治得很有条理。但身后发生的事，却也和霍光有关系。班固把原因归结为霍光不读书，这也是一个原因，但不一定是主要原因。

一、他没有好生约束家属。妻子犯罪，他知道后软弱了，其实就是纵容。二、子孙跋扈，他没有教育好。三、他本身的结怨也不少。

他生前没有考虑这些，当然即便他考虑也未必行，刘询早对他不满，只是个时间问题。刘询在等待他后人犯罪，不犯罪逼着犯……

有些事至今值得我们深思。

谢　安

（东晋 320—385）

前半生很名士，很潇洒，后为宰相，也同样潇洒。挫败桓温篡位，淝水之战大获全胜，演绎着谢安的人生完美，极少人能做到如此境界。浓重一笔是淝水大战中的指挥若定，镇定得让人疑心。

谢安 字安石 会稽山阴人

魏晋多名士 名士自风流 谢安是名士中的名士

麟、康畫於金陵

名士。宰相。

魏晋多名士，名士自风流。谢安是名士中的名士。魏晋名士呈百花齐放状态，有谈玄的，有纵酒的，有裸奔的，有吸毒的……

鲁迅从不正眼看人，但对魏晋名士青眼有加，鲁迅骨子里也和名士有相通的地方。比如特立独行，看不上礼教习俗，看不上儒家。鲁迅在《古小说钩沉》里记述十三岁的谢安已声名远播。自东晋的会稽（今浙江绍兴）传到昌黎（今辽宁义县），后来为燕国统帅的慕容垂年方七岁，遣人万里送来一对“白狼眊”，也就是白狼的眼珠。

谢安“神识沈敏，风宇条畅”。不仅在当时为江左第一人物，即便后来也屡屡被人激赏不已。他演绎着倜傥、潇洒、逍遥和风骨。后来治国安邦，也潇洒。不动声色挫败桓温篡位，谈笑自若战胜苻坚……

李白很醉心谢安，赞谢安的诗有十五首之多，要在谢安身上找到自己的人生理想。

苏轼也有诗说：谢公含雅量，世运属艰难。况复情所钟，感慨萃中年……

王安石的名和谢安的字巧合，王安石喜不自禁。

《世说新语》是南朝刘义庆的一本书，记载士大夫的言行，共有一千多则，涉及谢安的就有一百余则。

1

我们可以把谢安的人生分作两段。四十岁前的名士为一段,后来为官又是一段。名士是为了后面做准备。不少名士是为了沽名钓誉,秀自己,好做官。但谢安不是,并不愿为官。是真名士,不然何以解释淝水大战中的潇洒?

谢安,字安石,会稽山阴(绍兴)人,原籍陈郡阳夏(今河南太康)。谢安的祖父是大儒,在西晋做吏部尚书、中护军等。父亲谢裒原是琅琊王司马睿的参军。永嘉五年(311),匈奴人刘聪遣石勒等犯西晋,灭晋军十几万,后入京城洛阳,掳走晋怀帝。五年后,西晋告亡。司马睿是晋武帝司马炎的从子,十五岁就世袭为琅琊王。后用王导计谋,318 年在建邺(今南京)称帝,史称东晋。谢家应于洛阳大乱时南渡至始宁(今浙江上虞)东山。谢裒在东晋也做过吏部尚书等高官。

开始,谢家并不是高门望族,得不到王(导)、庾(亮)、诸葛家的尊重。诸葛恢家有女,谢裒为儿子谢石求婚,诸葛恢拒绝。

320 年,谢安出生。谢裒有六个夫人,谢安弟兄六七个,还有姐姐,他是老三。

谢安的伯父叫谢鲲,谢鲲和桓彝交好。都是名士,经常在一起狂饮,然后裸奔。谢安四岁时,被桓彝在谢家看到,脱口赞道:“此儿风神秀彻,后当不减王东海。”王东海是王承,为东晋初年第一名士。四岁就能看出将来为名士,不知桓彝长一双什么眼睛。应该是谢安长相不错。

七八岁光景,长兄谢奕在剡县当县令,带着谢安。谢奕也有意思,有天审案子,谢安穿一身青布衣裳,坐在谢奕膝上。一个老头儿犯了法,谢奕也不好打他,就让他喝酒。说喝得下两壶酒,就免了。老头儿喝了一壶,面孔通红,醉得不像样子。谢奕还让他喝。谢安看不下去,说,“阿兄,老翁可念,何可作此?”老翁可怜,你怎么这样?

谢奕惊异得看了看谢安,问,“阿奴,要放了老翁?”谢安点头,谢奕就放了老头儿。

弱冠，谢安到王濛家清谈，王濛也是名士，还是中书郎，王濛很看得上谢安，谈了很久。谢安走后，王濛的儿子王修问王濛："刚才的客人和你比如何？"王濛道："此客亹亹，为来逼人。"

亹亹本意是水流貌，引申为谈论动人，使人不知疲倦。

后来丞相王导也很器重他，名声就此传扬开来。王导是东晋的柱石，司马睿没有多少才干，全凭王导支撑。王导也是名士。

不然，名声也不会传到北方。

名士自汉代就不少，但魏晋更多。鲁迅说主要和魏晋政治黑暗有关，士人以谈玄论道为时尚，避开政治漩涡。竹林七贤就是典型。其实这只是政治原因，就文化思想上来说，佛教自印度传入，也是一大关系。

有的要避开政治漩涡，有的想介入。想介入者，也要先清谈，做名士。当时还没有科举考试，这也是人才冒出的平台之一。

北方五胡十六国闹得一塌糊涂。南方基本平静，还可以清谈。

2

谢安打定主意不要做官，而要一辈子做名士。名士多好，可以纵情于山水，会朋友，不以时务萦怀。

名士是对官僚政治的一种反动，对专制的一种破坏。

司徒府征召，要他为佐著作郎。不去。说有病。不是嫌官小，而是不自在，受约束。他干脆离开建邺，到会稽居住。他和被后世称为书圣的王羲之是朋友。王羲之是名门望族，右军将军。原籍山东琅琊，也有个性，最著名的莫过于"坦腹东床"。太尉郗鉴派管家到王导家挑女婿，王导的几个公子都刻意打扮，希望被挑中。唯有来王府拜会的王羲之坦腹东床，正在看一册字帖。管家回去向郗鉴禀报，郗鉴看中了王羲之。

王羲之此时已看透官场，两人有共同语言，连爱好也差不多：作诗、弹琴、写字。他们信道，但又和高僧交友，高僧支遁就是他们的座上客。

古时有上巳节，就是三月三日有一种祓除疾病和不祥的活动，叫修禊。不知谁的主意，他们永和九年（353），召集了四十二人在会稽西南兰渚山上的兰亭修禊。有谢安兄弟俩、孙绰、王羲之的六个儿子王凝之、王献之等等。孙绰是名士。王羲之当时为会稽郡内史,就是太守。自然是东道主。

是日,春和景明,众人散坐在一条弯弯曲曲的小溪旁,一盛满酒的酒杯放在溪水上,到谁面前就饮干,然后作诗。做不出罚酒,王献之当时九岁,做不出被罚。

酒杯到谢安面前,谢安即时高吟:相与欣佳节,率尔同褰裳。薄云罗阳景,微风翼轻航。醇醑陶丹府,兀若游羲唐。万殊混一理,安复觉彭殇。

众人为之喝彩。天色很晚,人们才乘着酒兴散去,当天夜里王羲之为诗集挥毫作序,这便是有名的《兰亭序》,后被誉为"天下第一行书",文章也成为古今名文。

中书监、扬州刺史庾冰是庾亮的弟弟,此时在朝中说话有分量。听说谢安名声大,就让郡县反复催逼。当年庾冰也是朝廷征召不应,后为秘书郎。谢安不得已,去了月余,又辞官回来。

吏部尚书范旺举荐谢安为吏部郎,对别人是个大有前途的官职,但谢安不就。惹恼了有司,上奏说谢安累召不至,干脆一生禁锢他做官。

谢安乐翻天,干脆到家乡东山隐居。

《晋书·谢安传》说:"尝往临安山中,坐石室,临浚谷,悠然叹曰:'此去伯夷何远!'"

谢安有几名歌伎,出门时就带着。也是时尚,不仅他这样,名士大都这样。歌伎只是助兴,并不像一般人想象的污浊。明代画家戴进画过一幅《谢安东山隐居图》,崇山峻岭间,松树森森,谢安携数名歌妓郊游,神情怡然。

谢安依然到王濛那里,孙绰、支遁都在。谢安说难得这样的机会。王濛捧出《庄子》,随手翻到一篇文章,让众人发表见解。支遁先讲,有七百言,叙述精丽,才藻出众,令在场的人无不称赞。众人说完之后,谢安问:"诸位还有什么可说的吗?"众人纷纷说:"今天的谈论,不尽兴不能结束。"于是,谢安亮起眼睛,将思想插上幻想的翅膀,自述己见,洋洋万言,众人无不敬服。由此可见谢安之能,再者清谈也并不是乱谈,要对玄理有妙思,有真知灼见。

王羲之本来也是有大志向的，可惜和人处不来，辞了官。但他希望谢安出山。有天，他两个共登冶城(今江苏江宁西)。谢安有“高世之志”，王羲之说:“夏禹勤于政事，手脚都长了膙子，周文王忙到很晚才吃饭，觉得时间不够用。现下国家危难，应该人人效力，可清谈废弛政事，虚文妨碍正事。恐怕不是当今应提倡的。”谢安却道:“秦始皇用商鞅实施法制，也不到两代就亡了，难道是清谈误事?”王羲之说不过谢安。

除了和名士交往，还有一件大事，就是教导子弟。后来谢家成为江南名门望族，出几位将军，和谢安的教育有关。

其时，谢安的父亲早已去世。谢家兄弟六人处得极好。两个兄长，谢奕在外做刺史，二兄长早死，撇下遗孤。加上弟弟妹妹和自己的儿女们，大小有十几个，谢安成了孩子王。

谢玄是谢奕的儿子，后来是淝水之战的主帅。少时几乎是纨绔子弟，喜欢穿着华丽衣裳，佩戴着紫罗香囊，腰里还挂着一条别致的手巾，到处游玩。谢安不是训斥他，而是和他一起玩，想办法教育他。说咱两个来赌吧，就赌你的香囊如何?

谢玄痛快答应。结果输了。谢安拿到香囊后，就把香囊烧了。然后又继续和侄子玩。聪明的谢玄马上明白过来，自此不再“纨绔”。

还是谢玄，已经是青年。一天，谢安又把子弟们召集一起，问:“你们又何尝需要过问政事，为何总想让你们成为优秀子弟呢?”大家都不说话，唯有谢玄回答说:“这就好比芝兰玉树，总想使它们生长在自家的庭院中啊!”

后来“芝兰玉树”就成为成语，比喻有出息的子弟。

谢玄的回答让谢安很满意，他看好谢玄。但却不放心弟弟谢万，谢万一副名士派头，却很少经纬世事的能力，好说大话，狂傲不已。

358 年，谢奕死在豫州刺史的任上，有人推荐谢安，谢安不干，让给了老四谢万。又恐怕谢万担不了这副重担，就跟在谢万身边。第二年，谢万和北中郎将郗昙兵分两路受命北伐前燕。带兵打仗，谢万还是一身臭毛病不改，独自长啸或吟诗文，一点不做些抚慰军士的事。

谢安劝谢万:“你身为主帅，应常常请将领们来宴饮、聚会，让大家心里高兴，跟你同心协力。”谢万道，好啊，喝酒正是我的强项。

谢万设宴招待众将领,开始前却什么话都说不出来,憋了半天,然后很高兴地拿着如意指着人们说:"诸位都是精锐的兵。"兵是当时很低级的阶层,将领们最忌讳别人说是兵哥。

谢安一看糟糕,只好后来一一拜访将领,替谢万安慰人心。但尽管如此,也没有挽救谢万的败局。东路的郗昙病倒,暂时退兵到彭州(今江苏徐州),谢万以为东路军兵败,也传令后撤。结果造成兵溃,一败涂地。此时,有将领要杀掉谢万,谢安说,这样的人当做隐士。谢万才免了一死。

谢安教育子弟还有很多,限于篇幅,不一一说。但就此可看出,谢安性情温和,多用启发式、诱导式,即使教训,也变换方式,和大多用板子打手心不同。据说他怕妻子,妻子是名士刘惔的妹妹,既聪明又厉害。她问谢安,怎么不见你教导儿子?谢安笑答:我是用自身行动在教导。

谢安很逍遥,门生有几十人,家里仆人数目不好说。数百总是有。到他孙子谢混几经变迁,还有奴仆近千。

谢安温和而且镇定。

会稽距海近,他和孙绰、王羲之几个人一起乘船泛海。辽阔海面一望无际,不由人不感叹,正吟诗作歌,忽然起了大风,波浪翻滚,船身急剧颠簸,眼看就有翻船的危险。可把孙绰、王羲之等吓坏了,在船上来回跑,惊慌地叫,怎么办?怎么办?然后大喊着赶快回去。

谢安却镇定自若,将诗慢慢吟完,抬头看看几个人的样子,说,若如此惊慌,就真的回不去了。大家一听,立刻就明白,再慌乱也无济于事,反而会让船颠簸得更厉害。于是渐渐安静下来,平安返回。

魏晋名士大多服用五石散:石钟乳、白石英、紫石英、石硫黄、赤石脂。五种石头。据说是张仲景治伤寒用的。服后身上发热,脾气容易狂躁。我想谢安应该不服用这玩意儿。不然不会如此镇定。当然更多的是自身心理强大。

谢安极少发脾气,谢奕病故,他无比伤心。安葬完回来的路上遇雨,车夫们喝得醉醺醺的,驾驭不好车子。谢安拿过支车子的木棍就打,声色十分严厉。

3

东晋比较有意思，皇权分散，倒是朝臣权大。一个个在争权。

也许谢安不肯出山，是不到时机。谢家和桓温有争斗，有较量。桓温厉害，眼小有奇光，红胡子，不长。父亲桓彝因平叛有功被封为男爵，但很快又被另一叛军杀害。当时桓温十七岁，日夜提着刀子寻找杀父者，直到第二年，仇人已死，桓温将仇人的三个儿子手刃，报了父仇。喜欢结交名士，后为晋明帝的驸马，征西大将军。曾灭西蜀的“成汉”，并两次北伐。

在桓温的强势下，谢安不敢轻易出山。他要韬晦。要让谢家成为望族。伯父后来为豫章太守，其子谢尚也为给事中，都督西部诸州军事。但356年，谢尚也去世。谢家就靠他和谢玄了。他要谢万任职，也有他在后面坐镇的意思。谢万兵败后，桓温上奏章，废谢万为庶人，谢安才决定出山。假如他不出山，谢家会受很大损失。豫州这块谢家的地盘，就会被桓温占去。故而一定要“东山再起”。后来这一词语也成了典故。其实早在谢尚为豫州刺史前后时，就和桓温有争斗。豫州紧靠建邺，夹在荆州、扬州之间，是块战略要地。

此前，谢家兄弟不少都当了大官，回来时都是高马亮车，“翕集家门，倾动人物”。谢安妻子就笑着问他，大丈夫难道不该如此？谢安捏着鼻子说：“只怕也免不了啊。”

朝中看不惯桓温的人很多，也都希望谢安出山。有种说法是：“安石不肯出，将如苍生何？”谢安不出山，将如何面对天下百姓？显然，谢安已经成了政治明星，成了众望所归。

这一年，谢安四十岁，桓温召谢安为司马。桓温还兼着荆州的刺史，谢安要到荆州去。桓温也知道谢安和自己不对付，但一是有通家之谊，二是桓温弟兄四五个，皆为将军，还有儿子数人，都为高官，自己又是驸马，势力如日中天，也不怕谢安能把他如何。在谢安之前，有个叫殷浩的，众人想让殷浩与桓温对抗，也说殷浩不出山，将如苍生何？结果殷浩根本不是他的对手。也是北伐兵败，被他一道奏章废为庶人。一个办法整倒两个对手。他缘何不乐？

谢安刚出山，就有人起哄。在建邺近郊西南的新亭，很多官员来送谢安。御史中丞高崧先喝了酒，用酒遮着脸，笑问：你在东山，朝廷屡召不就。我等经常议论，安石不出，将如何面对天下百姓？现下你出山，百姓又该如何看你？

谢安笑着没有回答。他不需要回答。谢安去世后，有人问他的侄女谢道韫，当年你叔叔一直不肯出山，为何后来又出了？谢道韫道：对亡叔来说，出不出山又有何分别？

这句话很智慧，是很好的外交辞令，也是对谢安最好的理解。不出是这个人，出还是这个人。这是从做人上，从坚持心中理念上讲是这样。但从家族上看，必得出。

桓温也有意思。

他和简文帝司马昱、太宰司马晞同乘一辆车子，暗地他要人在车子前后击鼓叫喊，好像发生大事一样，仪仗队骚乱起来。司马晞惊慌失措，赶紧要下了车，但简文帝坐在车上神态极安详。桓温说，从来还没有见过如此高人。

一个大臣敢对皇上如此，可见桓温的性情，也可见皇权的松弛。简文帝，也是名士出身，故而不慌乱。

当然谢安出山时司马昱还是宰相。

此时的桓温以为谢安能为自己手下，是件很荣誉的事。你们看看，天下第一名士到我手下做事。不错吧？

先是谢安去见他，两人谈笑竟日，十分尽兴。尔后他又去看谢安，谢安正在梳头，看见他来了，急忙拿来衣裳和头巾，桓温笑道：何必拘泥这些礼数？于是两人又谈天说地，直到黄昏才离开。桓温兴奋地对左右的人说：你们见过像他这样的人？

有人送来一味中药远志，桓温问谢安，这味药为何有两个名字？还叫小草。谢安还没有说话，当时参军郝隆也在座，说，不出叫远志，出来就叫小草。明显是在讥刺谢安。说谢安空有远大志向，在桓温面前只能是根小草。谢安还是没有说话，他只能隐藏自己。桓温道：郝参军失言也没有恶意，说得也风趣。

郝隆也是个自负的人，后来没有得到桓温的重用，回到家里。家乡有七月七晒衣裳的习俗,他躺在那里晒肚皮。人家问他干什么,他说晒肚子里的书。

4

361年,四十刚出头的谢万又被授为散骑常侍,但谢万重病,很快去世。消息传来,谢安大为悲恸,比长兄谢奕辞世还要悲恸。他归家安葬好四弟,自此十年不听琴音。似乎谢家人竟没有一个长寿的,他想到了自己,不知自己会如何。

他上书辞职,不干了。桓温也没有勉强。极有可能,谢安在桓温手下并不舒展。

倒是司马昱认为谢安辞官太可惜,就要他在吴兴(今浙江湖州辖区)做郡守。谢安犹豫一番,还是答应。

桓温此时势力又有增加。先于升平四年(360年)进爵南郡公,后更在363年进大司马、都督中外诸军事、录尚书事,正式掌握朝政。次年又授扬州刺史,掌握京畿地区军事。原本所都督的荆、江二州由其两个弟弟桓豁及桓冲掌握。

桓温基本上集东晋全国军政大权于一身,仅未能掌握徐、兖二州所在的京口及豫州等兵力。

太和四年,也即369年,桓温上奏要第三次北伐。桓温第一次北伐是前秦,第二次是后赵。这次是前燕,前燕多次南下犯东晋。桓温计划北伐成功后,回来加九锡,然后夺权。这是个雄心万丈的人。但很不幸,这次很不成功。前燕在前秦的帮助下,在枋头(今河南浚县西南)打了一仗,桓为燕将慕容垂所败,伤亡三万多人,狼狈逃回。

桓温受到挫折,但在朝中还是说了算。没有人能如他一样参一本将他废为庶人。

这个期间,谢安到朝中做了侍中。

太和六年十一月,朔风阵阵。桓温说晋废帝司马奕不能人道,皇子为男宠所生而废为海西公。其实是桓温有意做皇帝,但不好明说,就拥立宰相司马昱为简文帝。他以为司马昱会让给自己,但没有。只是司马昱很傀儡,桓温很强势,剪除了司马昱的哥哥司马晞的势力。

谢安见了桓温，立即下拜。桓温惊问，安石，你为何如此？

谢安道：未见君拜于前，臣揖于后？原来司马昱每次见到桓温都有想下拜的动作，被谢安看在眼里。

这样一说，桓温和谢安的矛盾就公开化。桓温想称帝，很怕谢安阻挠。

司马昱很惊惧地生活着，八个月后去世。他要桓温来做宰相，桓温不干。还有人说他在立自己的儿子为帝前，也让过桓温，桓温推辞。说不定两人都在玩心理战，都是假意。

谢安此时为中护军，王坦之为左卫将军。王坦之原为桓温长史。桓温曾替自己的儿子向王坦之求婚。王坦之说回去和老父商量，老父王述看不上桓温，说一个老兵有啥稀罕的？王坦之就推辞了。东晋是门阀政治，讲门第，军阀不受欢迎。

据说司马昱临死前下诏以桓温仿效昔日周公旦居摄代帝执政，更写道："少子可辅者辅之，如不可，君自取之。"王坦之很不满，手持诏书见司马昱，并在他面前撕毁诏书。司马昱说："晋室天下，只是因好运而意外获得，你又厌恶什么呢？"

王坦之却道："晋室天下，是晋宣帝和晋元帝建立的，又怎由得陛下你独断独行！"司马昱于是命王坦之修改诏命，改以桓温仿效诸葛亮和王导辅政。

桓温就很不满王坦之和谢安，要杀掉二人。

桓温陈兵新亭，就是谢安出山时，众官员送他的地方。桓温设宴招待二人。二人也担心被杀，去见郗超。郗超是桓温的高参。王羲之的夫人是他的亲姑姑，自然也是名士。当时有谚语说：扬州独步王文度，后来出人系嘉宾。王坦之字文度，郗超字嘉宾。桓温第三次北伐没有听郗超的话败北，听郗超的话废帝。可见此人的能量，不过并不都是正能量。

时郗超为中书侍郎，《晋书·郗超传》说二人到晚上还未能入见，王坦之欲去，谢安说："不能为性命忍俄顷邪？"书中没有说郗超到底见到两人没有。

谢安和王坦之同乘一辆车前往新亭，路上有小草泛绿，也有鸟鸣，不过王坦之听不见，也看不见。他恐惧，问谢安如何办？谢安不是不紧张，但他“神意不变”，安慰说：“晋祚存亡，在此一行。”就是用大义勉励王坦之不要紧张，可王坦之依然紧张，见到桓温时，竟汗流浃背，将手版都拿颠倒了。因为四周帐幕隐藏着很多甲士。谢安却不紧张，桓温问：安石，别来无恙？

谢安见桓温也老多了，不由得一声叹息。意思是人生就这几十年，何必这样斗来斗去？随后，谢安就高声诵起“浩浩洪流，带我邦畿……思我良朋，如渴如饥”，这是嵇康《赠秀才入军》诗的十三首。嵇康哥哥入军，嵇康作了十八首诗相送。这一首表达友谊。谢安本来有鼻炎，说话囔囔的，很像洛阳人的腔调。后来不少士人学这种腔调，又没有鼻炎，就捏着鼻子说话。

桓温的脸色缓和多了。桓温也怕杀掉二人于事无补。桓温的毛病是遇事拿不定主意，有些像项羽。

谢安看了一眼四周帐幕又笑道：“安听说有道之臣派兵据守四方，可明公如何让他们在这里？”

桓温只好说：正因为不得已才如此啊。挥挥手，让甲士都退下去。

刚好又一阵风吹来，掀开了帐幕，谢安看见郗超在帐中，笑道：“郗生可谓入幕之宾矣。”

郗超只好笑了笑，走了出来。几个人又在一起酣饮，当然王坦之早将手版拿正过来。王坦之不能和谢安比，但毕竟能毁遗诏也是要胆子的。

事后谢安听说桓温想杀他之前，还对人说，可惜了谢安的好文章。

此时，桓温已经有疾病，尤其是脚疼，走路不稳。

5

六十一岁的桓温仿佛经不起折腾，回到姑孰（今安徽当涂县）就一病不起。谢安听说后，去看他，他听说谢安要来，竟急切盼望看到谢安。谢安自东门入，桓温看见后说，“吾门中久不见如此人。”

谢安来，也有目的，是看看他病得如何。桓温盼望谢安，除了真喜欢谢安，另外是想加“九锡”。谁加了九锡，就表示皇上愿意禅让给谁。曹操后来也加了九锡。

桓温越发病重,越想得到自己想得到的东西。

谢安偏不明确表示态度。回到朝中,谢安要吏部侍郎袁宏改《求九锡文》。左改右改,都不是,直拖到桓温去世。

桓温是鹰派,阳刚;谢安是鸽派,阴柔。桓温这只鹰,一直到他儿子桓冲才真正"飞起来",过了几个月皇帝瘾,被一个叫刘裕的赶下台,刘裕成了宋武帝,结束了东晋。

还说谢安。这一年他五十四岁。桓温死后,桓家势力削弱,但依然比较大。谢安要稳固朝廷,是一下子剪除桓家的势力,还是在限制中寻找某种平衡?

谢安不是刘邦,他性情和缓,走的是后面这条路。一下子他也除不掉桓家的势力。桓温的弟弟桓冲为中军将军,都督扬豫江三州诸军事,扬豫刺史。另一个弟弟桓豁为荆州刺史,统领上游六州军事。

桓温死前,桓冲曾问桓温,要不要收拾掉谢安和王家?桓温摇头长叹,你们收拾不了。同样,谢安也收拾不掉桓冲。不仅收拾不掉,闹不好还要被收拾。这是内部。外部前秦的苻坚在王猛的辅佐下,将北方统一,早晚要打过来。要内外夹攻就麻烦大去了。孝武帝司马曜才十二岁。

此时谢安为尚书仆射,朝政谢安说了算。谢安还是觉得威力不大,他请崇德皇太后褚蒜子听政,褚蒜子有贤德,曾两次听政。但这一提议遭到老臣尚书令王彪之的反对,不过多数人还是拥护。

桓冲性情不似桓温那么张扬,估计才望不及谢安,打算将扬州刺史让出,桓家人个个反对,就连郗超也多次劝阻。但桓冲还是让了出来。

徐州和兖州都是要冲,桓冲自然想得到。但谢安命桓冲的亲信朱序为兖州刺史,皇后的老爹王蕴为徐州刺史。桓冲也无话可说。

6

376年,褚蒜子归政。司马曜正式亲政,为太元元年。以谢安为尚书仆射,扬州刺史,兼领中书监,录尚书事。桓冲升为车骑将军。

真正的宰相,自此开始。

谢安是儒释道三家齐备，以道为主。和汉初的萧何类似。采取无为而治，奉行“镇以和靖，御以长算，不存小察，弘以大纲”的方针，团结异己，共同维护晋室。

经济政策实行改革，解除“度田收租制”，按人口交税：王公以下，每口人交米税三斛，解除劳役；后来又改制度，减烦费，削减吏士700人。两次改革受到时人的欢迎，让百姓休养生息。

翌年。谢安以为军队不足以抵挡前秦，必须有一只过得硬的部队。司马曜就拜谢玄为建武将军、南兖州刺史。负责长江下游防线。谢玄得刘牢之为参军，训练精兵。时称北府兵。谢安保举自己的侄子，引起不少人的议论。倒是郗超很难得地说，“谢安能违众举亲，真是明达；谢玄有真才实干，肯定不会辜负他的推举。”

前秦苻坚的心很大，既想南方，又想西方。西边是派将军吕光伐西域。除了要国土，还要高僧。西域是鸠摩罗什。南边襄阳是道安。

淝水之战前有个序曲，即淮南之战。

378年，苻坚令十几万军队分三路合围襄阳，朱序苦战一年多，终于兵败被俘。苻坚大为兴奋，又命军队攻彭城（江苏徐州），谢安于建邺布防，谢玄出兵，四战四捷。

五年之后，即383年，苻坚正式大举南来。兵分三路，七万水师由巴西、梓潼两郡太守裴元略率领，自巴蜀东下，迫近建邺。

令弟弟苻融率二十五万为前锋，直逼寿阳（今安徽寿县）。将军姚苌督益、梁州诸军事，沿江顺流而下。

苻坚自提主力戎卒六十万，骑二十七万自长安，直奔寿阳。

寿阳为两淮水陆交通枢纽，历来为兵家必争之地。

百万大军浩浩荡荡。用苻坚的话说，是“以吾之众旅，投鞭其江，足断其流！”苻坚轻敌了，骄傲了。埋下了失败的种子。

八月，东晋上下闻报前秦大军前来，无不惊慌失措。唯独谢安不慌，仿佛就等着苻坚的到来。这和海上遇风浪、桓温摆下的“鸿门宴”一样，你慌也没用，只会徒添其乱。但要说谢安此时就有必胜的把握，也是瞎说。他只有二三十万人马。但他就是泰山崩于前不眨眼。他心中有道。

征讨大都督谢安如此布置：

桓冲仍固守荆州方向。

淮南以尚书仆射谢石为假节征讨大都督，谢石为谢安的弟弟。谢玄为前锋都督。谢安的儿子辅国将军谢琰和西中郎将桓伊率八万人马赴淮南。龙骧将军胡彬率五千水军增援寿阳。

谢石心里也没有底。谢石在谢安弟兄中最小，老六。据说小时候面部有疮，不愈。夜间有物来舔，舔处很白，人呼谢白面。史书没有说他有多大才能。谢玄出师前来问谢安有何良策，谢安只说，“已别有旨”。他不敢再问，让手下张玄来问，谢安却招呼很多好友“出山墅，亲朋毕集，方与玄围棋赌别墅”。谢玄平日能赢谢安的，但心里慌乱，却赢不了。谢安把棋交给外甥羊昙说，别墅就交给你了。说罢，又去“游涉”了。就是散步。

桓冲知道情况后，很生气，又很忧虑，派了三千人增援建邺。谢安却不要，说：“我已有安排。”桓冲对人说，安石不会用兵，又用两个年轻人，自己还整日玩，我等要做人家的俘虏了。

这是晋书的描写，似乎谢安就不管国家大事了。其实是制造一种假象来迷惑人。

迷惑谁？一是苻坚，苻坚此时正狂傲，这种假象让苻坚以为他就是个只会清谈不懂军事的人。

二是自己人。从朝廷到部下，包括谢石、谢玄都需要信心，需要镇静。

谢安一定是呕心沥血，反复思考、权衡。他是政治家，但并不是不懂军事。“至夜乃还，指授将帅，各当其任。”白天他优哉游哉，夜里指挥将领。说不定散步也是一种思考。他知道一定要把前秦距于淮河以北，不让敌人过淮。

他还会分析敌军，前秦虽人多，但杂。多是收降的将领，如前燕的慕容垂、羌族的姚苌等，缺乏统一指挥，战斗力并不怎么样，谢玄四战四捷就说明问题。再者前秦连年征战，士卒厌战等等。

谢安隐居时，就说他最喜欢《诗经》：“訏谟定命，远犹辰告”这句，就是把宏伟规划审查制定下来，把远大的谋略传达给众人。此时面对强敌，他一定把自己远大的谋略传达给将领。

7

十月，淮河两岸一片秋色，红黄青绿，十分斑驳。

胡彬增援中，闻听寿阳失守，便退守硖石。硖石在今安徽凤台西南，寿县北，淮水北岸。苻融自攻硖石，命卫将军梁成率五万进至洛涧（今安徽淮南东），以阻止晋军西进。

谢石、谢玄听报后，命驻扎在洛涧二十五里之处，准备抗击。

胡彬粮尽，遣人向二谢求救，但被苻融截获。苻融给还在项城（今河南沈丘）的苻坚去信，要苻坚快些赶到，免得敌军逃逸。苻坚大喜，留大军于项城，自率轻骑八千赶赴寿阳。

苻坚又轻轻地犯了个错误：他派朱序去招降晋军。苻坚不杀降将，坏事就坏在这里。后来他失败，包括死亡，都是降将作怪。

朱序不是去劝降，而是出计谋。襄阳失手，自己疏于防备，有责任。现下要把前秦斗败。他对谢石说：

趁秦大军未到，先击之。

谢石却以为不如防御，以逸待劳，再找机会攻击。谢琰却以为朱序的建议很对。谢玄同意谢琰的看法。三谢统一，决定战役进攻。于是谢玄命刘牢之率五千人突击洛涧西岸的梁成。

刘牢之果然骁勇，强渡洛涧后，奋击梁军，梁成被杀，死伤一万余人。

三谢挥军和苻坚对峙于淝水。秋风瑟瑟，苻坚和苻融观阵，看到对面八公山上的草木晃动，以为尽是晋军。可见心理已经大打折扣。

决战这天，谢安仍在和友人对弈。让我们看《晋书》这段精彩描述：

> 玄等既破坚，有驿书至，安方对客围棋，看书既竟，便摄放床上，了无喜色，棋如故。客问之，徐答云："小儿辈遂已破贼。"既罢，还内，过户限，心喜甚，不觉屐齿之折，其矫情镇物如此。

前方三谢破敌后，飞马建邺，谢安得书信时，正在下棋。看了书信，竟没有一点喜色，放在床上，还是心闲气定。客人问他，他说："孩子们已经破了贼。"下完棋，他一人回到屋内，才露出真面目，惊喜过度，过门槛时，咔嚓一声，将屐上的齿绊折。

谢安是高人，就高在他会掩饰自己，会镇静自己，而且放权，完全让三谢指挥。

再回头说前方为何胜利。

谢玄决定渡河痛击，但怕渡水时被击，就遣人对苻融说："你们在河边摆下阵势，是想打持久战，不是速决。你们如果能稍退一些，让我军过河，一决胜负，不也很好吗？"

这是心理战。针对苻坚骄傲的心理战。苻坚果然同意退兵，并且要在晋军半渡时出击。不想退兵竟不可止，谢玄等急引兵渡河，猛击秦军。朱序趁势在后面大叫："秦兵败了，秦兵败了。"秦军越发溃不可止。苻融前往制止，马被乱兵冲倒，人也被晋兵所杀。

苻坚败得很惨，身中流矢，单骑走淮北。军队溃散，两年后被姚苌所杀。姚苌建立了后秦，慕容氏又建立后燕。北方再一次分裂。

东晋胜利的原因很多，谢玄的机智勇猛、朱序的献计和"捣乱"，苻坚的潦草等等，但首功还是谢安。

桓冲因为低看谢安和自己的过错而内疚。当年朱序在襄阳被围，他本可以施以援手，但想保存实力。襄阳城破后，谢安也没有责怪他，此次朱序又大建奇功。于是自西路出击，夺襄阳、魏兴（今陕西安康西）等地。又遣军攻占成都。翌年二月病死。

谢安没有不臣之心，淝水之战让东晋渡过了灭亡的危机，朝廷加他为太保，都督十五州军事。谢玄有大功，朝议为荆、江二州刺史。但谢安从大局出发，以桓豁之子桓石民为荆州刺史。桓石虔为豫州刺史，桓伊为江州刺史。让桓家没有话说。

要团结桓家，还是为了晋室。谢安要趁苻坚兵败之际北伐，扩大东晋疆域。384 年八月，东线仍以谢玄为前锋都督，自广陵北上，攻占彭城、谯城（今安徽亳州）、黎阳（今河南浚县东）。西路的桓氏又攻克了洛阳等地。

至此，淝水之战前秦晋以淮河 – 汉水 – 长江一线为界的局面改成了以黄河为界，整个黄河以南地区重新归入了晋朝的版图。

但北伐惹起了一些人的不高兴。其中以会稽王司马道子为首。司马道子是司马曜的弟弟，完全是个小人，极其阴沉。他说害怕谢安是王莽。怕龙椅被谢安占去。司马曜也害怕，就提防谢安。说谢安坏话的不止一个，殷浩的外甥韩伯做过豫章太守，病中听见谢家的车子轰轰隆隆从门前过，就说，怕又是一个王莽。

谢安的女婿王国宝也说谢安是王莽。

谢安有两个看不上的人，一个是侄女婿王珣，一个就是王国宝。先说王珣，王珣字写得好，但和桓温关系近。谢安不高兴，让侄女和王珣离了婚。王珣极恨谢安。

王国宝是王坦之的儿子。开初谢安看王国宝不错，把女儿给他后，发现此人人品极差，注重小利，就厌恶。也不让他做重要的官。也让女儿离婚。王国宝的堂妹是司马道子的妃子，王国宝就靠上了司马道子，在司马曜面前说谢安的坏话。

司马曜凡事依靠司马道子。见谢安时，眼光老是游移不定。

桓伊很为谢安不平。桓伊通音乐，最善吹笛，据说著名琴曲《梅花三弄》是根据他的笛谱改编的。

一日司马曜于宫中设宴，要桓伊吹笛。桓伊一曲奏罢，满座称善。此时桓伊放下笛子说："微臣弹筝虽不及吹笛，然亦足以韵合歌管。请陛下准我拂筝自唱一曲。"司马曜允准。桓伊即歌曰："为君既不易，为臣良独难，忠信事不显，事有见疑患。周王佐文武，金縢功不刊，推心辅王政，二叔反流言"。

这是曹植的《怨歌行》（一题《怨诗》）。曹植被曹丕猜疑，做歌感叹。

对音乐同样敏感的谢安，禁不住"泣下沾衿"。他感叹自己被猜疑，更感叹桓伊的古道热肠，快步来到桓伊身侧对他说："使君于此不凡！"

司马曜当时也"甚有愧色"。

谢安高洁，眼里揉不得沙子，见被人怀疑就停止北伐。他借口要抵挡先秦，离开了京城，到广陵居住。广陵在今扬州广陵区。为加强防御，谢安在城北二十里又修了个城，叫新城。

385年,他患病了,很厉害。感到大限将到,很想回到会稽东山。他让儿子谢琰辞掉征虏将军回来,让朱序为龙骧将军驻守洛阳。谢玄驻彭城,可相互支援,抵御先秦。

周密部署后,他动身先到京都,车到西州门,谢安很伤感。他对左右说:“以前桓温在之时,我常担心自己不能保全。忽然有回梦到坐桓温的车走了十六里,见到一只白鸡才停下来。坐他的车,预示我替代他的职位;十六里,意味着我代居宰相十六年而止;白鸡主酉,如今太岁在酉,我的病恐怕是好不了啦!”

于是,他上疏辞官。

数天后,谢安真的病卒于京师。享年六十六岁。

谢安的黄老思想也影响了谢玄。谢安去世后,谢玄也求退,三年后,谢玄病逝。才四十六岁。

谢安故去,东晋就开始不消停。三十五年后,东晋灭亡。没有一个再如谢安这样闪光的人物出现。谢安对东晋来说是福分。

谢安为后世的宰臣,立了很高的标杆,很难让人达到的标杆。

魏　征

（初唐 580—643）

曾五易其主，两次投唐。性格刚直，以敢于犯颜著称。不少时候惹得李世民不高兴。但依然坚持他的初衷，据理力争。成为李世民的一面“镜子”。贞观之治有魏征的一份功劳。是丞相中的佼佼者。

魏征曾五易其主，两次投唐，性格刚直，以敢于犯颜著称。
贞观之治有魏征的功劳，是丞相中的佼佼者。

名臣起码有两种:唯唯诺诺型和敢于犯颜型。萧何是前者,很少劝谏刘邦,尤其是后期。魏征是后者。就是拼上命,也要劝谏。荀子有"从道不从君,从义不从父"的话。道是原则、规则。服从原则而不是君王。魏征是此话的实践者。性格是主要因素。

早年做过道士的魏征,性情刚硬,到《西游记》里还有所表现,泾河龙王和一卜卦者打赌,为了赢赌,改下了雨要被斩。监斩者就是"武曲星"魏征。龙王到李世民那里求情,李世民邀请魏征下棋,结果魏征还是打瞌睡,在梦中斩了龙王。

可说是魏征性格的典型体现,也说明百姓喜欢这样的官员。

有经国之才的魏征遇到明主,是幸事。

魏征自始至终能成为李世民的一面镜子,是双方面的事。一,魏征是为天下百姓的。为百姓就是为社稷。照道理来说,社稷是帝王的,他应该来爱护才对。可是帝王总是好犯糊涂,就是明君也难免。这就需要臣子尽自己的本分—死谏。二,李世民要能够接受。若果李世民就是个殷纣王那样的昏君,那也麻烦。

当然魏征的劝谏很注意艺术性,这也很重要。

虽然魏征死后,李世民翻了脸。但魏征对贞观之治功不可没。魏征在后人心目中地位很高,就是他无私无畏,一心为了天下,为了社稷。

1

魏征是四十四岁才为李世民所用的。前半生的时光，投靠了不少主子，但并不是真正赏识他。他善于谋断，有主意，很在意听的不多。

魏征是巨鹿（今河北巨鹿）人，他生下来的第二年，隋朝建立。少时“孤贫”，从小失去双亲。读了不少书，还会方术。做道士自然会方术。道士也是一种托词，《新唐书》说他“诡为道士”，并不是真正要做一辈子道士。只是权宜之计，他不是一心向道的人。

大业十二年，即616年，李密投奔瓦岗寨的翟让。标志着隋末大乱，魏征三十六岁。正是群雄纷争的时候，魏征次年又投奔李密，李密欣赏他文章出色，但并不用他的主意。魏征曾进了十策，一个也没有用。看来李密不是一个雄主，没有识人的本事。

一年后，李密被王世充打败，降了李渊。魏征跟着到长安。黎阳（今河南浚县）一带是李密的旧部，守将是徐世勣。此人勇猛，有韬略。徐世勣掌握的地盘很大，东到大海，南到长江，西至汝州，北至魏郡，原来是李密的，此时都归徐世勣。李渊让李密去收拢。走到半途，李渊变卦，收回成命，李密惶恐，又叛逃，被杀。

魏征主动要求去收拢黎阳。李渊只有高兴，升他为秘书丞。他骑马东行，越潼关至洛阳、荥阳，又向北到黎阳，还未到时，他给徐世勣写了一封信：

“魏公（李密）振臂一呼，响应者几十万，几乎有一半的天下都是他的，可还是一败涂地，归向了李唐。这是天命。现今你处于必争之地，不早谋划，大事休矣。”

徐世勣接到这封信后，降了李渊。当然也是徐世勣对天下大势有判断，相信了魏征的话。后来证明这个路子很对。李密没有眼光，走上了绝路。

但事情很不巧，黎阳不久被窦建德攻陷。窦建德也是个人物，称夏王。此人很简朴，不吃肉，吃脱皮粟米饭。魏征做了窦的起居舍人。

621年，窦建德和李世民对垒，被李世民灭掉。魏征又第二次归唐。

2

魏征为太子洗马。太子是李建成,李渊的长子。魏征见李世民功劳大,“阴劝太子早为计”,劝李建成早些除掉李世民。

626年是武德九年。六月,李世民用霹雳手段搞玄武门之变,很血腥地除掉了太子李建成和另一个兄弟李元吉,李渊只好将龙椅让给李世民。李世民没有杀太子手下的人,也用不着杀。只要除掉为头的,部下就会为自己服务。魏征是其中之一。

但他没有忘记敲打魏征:“你怎么挑拨我们兄弟之间的关系?”这话很无理。我可以除掉兄弟俩,但这是我们兄弟之间的事。你怎么可以?不过还有一层意思,李世民说自己除掉二人是不得已,太子先动手。自己不动手就会被消灭。

魏征早对父子、兄弟之间的残杀习惯,这是个凭权力说话的时代,惟一可惜的是李建成没有听自己的话。他不卑不亢:“太子早听我的话,不会有今天的祸。”

李世民心头一震:这人耿直,骨气。遂让魏征为谏议大夫,封钜鹿县男爵位。这样做还有个好处,表示自己宽大为怀。容易收拢人心。

就这样,开始了魏征正式为官的生涯。前面跑来颠去的为官,都可以当做实习。自现在起,才算是正式。第一,李世民是正式皇帝,其他人都是草头王。二,他将为一个鼎盛的大国出谋划策,献出自己的后半生,也献出自己的智慧。

李世民认识到魏征的价值是因一件事。

太子被除后,原来太子手下的人心里惶恐,不少藏匿起来,还有的作乱。魏征主动请求:“不显示皇上真诚的意愿,就不能消除祸患。”李世民点头道:“你到河北去安抚晓谕吧。”

路上,正巧遇见一辆囚车,上面押解着太子的千牛李志安和齐王的护军李思行。魏征和他的副使商议:“有诏书让免除太子和齐王的旧属,现在又捕李志安两人。我们就是去晓谕圣旨,人们也不会相信。”于是做主,放了李志安等。这等于先斩后奏。是要胆子的。

这件事干得漂亮。李世民自此拉近他和魏征的距离,有时引到卧室问他对国家大事的建议。魏征也认为李世民是罕见的雄主,能得遇这样的主子是自己的福分,就倾心而言,提了二百多条的建议,李世民一一接纳。此时大唐初创,百废待兴,李世民还很谦虚。

李世民需要这样的人,拜其为尚书右丞,兼谏议大夫。尚书右丞为正四品下,官职不是很高,但掌辩六官之议,纠正兵部、刑部、工部省内不当者,贬察御史。

有不少人在李世民面前说魏征提拔亲戚做官,李世民让温彦博调查。温彦博比魏征大几岁,为御史大夫。也是李世民喜欢的人之一,温彦博说:"魏征为人臣,不检点,避嫌疑,应当责备。"

温彦博就去数说了魏征。

翌日,魏征来见李世民,谢罪说:"臣听说君臣要同心,这叫做如同一体。怎么能抛弃至公,只注意行迹?倘若上下皆如此,国家的前途就难以预料了。"李世民吃了一惊,说:"朕明白了。"

魏征急忙叩头说:"臣愿陛下要臣做良臣,不要做忠臣。"

李世民又是一惊,人们都是说要做忠臣,还没有听说过要做良臣,不做忠臣的。"二者有区别?"

魏征说稷、契、咎陶是良臣,龙逄、比干是忠臣。良臣,自身得美名,君主受显号,子孙世代相承,福庆相传无穷;忠臣,自身受祸被杀,君主陷于昏暴,国破家亡,仅取空名。这是两者的区别。

李世民顿时明白过来:前者是舜时的,后者为夏桀、殷纣时的,二人都是因谏被杀。魏征说话有技巧,是要自己做个舜样的君王,不做夏桀和殷纣王。

李世民继续讨教,"人主如何才能明辨是非,怎样是昏庸糊涂?"

"君所以明,兼听也;所以暗,偏信也"。魏征道。接着魏征就举了尧、舜为例,说尧舜大开四门,眼明能视四方,耳聪能听四方,虽然有共工、鱼玄,也不能蒙蔽他们,好听的言词荒谬的行为,不能将他们迷惑。秦二世身居深宫,偏信赵高,天下散乱而不得闻。还有梁武帝、隋炀帝等等。梁武帝偏信朱异,侯景即将攻城却不知道;隋炀帝偏信虞世基一人,盗贼四起而不知晓。

魏征最后又总结说,君主如能多方听取意见,奸臣就蒙蔽不了,下情就能上达朝廷。

这段话很著名。后来司马光在《资治通鉴》中说是“兼听则明，偏信则暗”。话后来成为人臣劝谏君主经常性的苦口良药。也是鉴别人君是好是坏的标准。

做个明君不容易，做个贤臣也不容易。

李世民是要做明君的。他比魏征小十八岁，自小受过儒家教育。得天下后，有自己的蓝图，那就是要保证江山传得久远，最好是永永远远。他想做一个尧舜式的君王。故而他开明、纳谏，却也雄心勃勃，机警狠辣，甚至不无猜疑。马基雅维利曾说伟大的君主是狮子和狐狸。李世民就是这样的混合物，不然不会杀死俩兄弟。在这样的雄主面前，任何人都要小心。

好在魏征抓住了他要成为尧舜式君王的心理，扩大自己的话语权。

3

魏征的表现是，只要让他知道李世民有一点过失，他就要指出。好像他天生就是来监督的。

长孙皇后听说郑仁基的女儿漂亮，还有才华，就建议李世民选进宫。典册都办了，魏征却听说女子已经许配给别人，就进谏说：“陛下住楼台，就该让百姓有住的地方。陛下吃美食，就该让百姓吃饱饭。看到身边的妻妾，就该让百姓有家室。如今郑家女子已许配人家，陛下要选进宫，难道是为民父母的意思？”

李世民忙说自己做错了，赶紧停止册封。

贞观三年，即629年，魏征为秘书监，参与朝政。朝政班子里有不少人，李靖、王珪、房玄龄、长孙无忌、温彦博、岑文本、戴胄等等。魏征是新元素。李世民能创造贞观之治，和这些群星闪耀有大关系。但这么多人，就魏征一个话特别多。长孙无忌是皇后的兄长，很少说话。李靖文武全才，也很少说话。房玄龄更是老班底，他们都比魏征了解李世民。房玄龄直到病危时，才劝谏李世民不要对外征伐。李世民二十几岁，血气方刚，闹不好要掉头的。魏征是新手，没有自己的势力范围。可以随便说。老班底都有一派，说话代表一派。李世民不愿意老班底的人势力大。

当然魏征也讲技术，要让李世民听得进，不至于杀了自己。

温彦博和封德彝也是参与朝政的人，两人不喜欢魏征。魏征也不喜欢两人。三个人都是单兵作战，还都是“旧人”，有把柄在李世民手里。封德彝是个老狐狸，隋朝时的佞臣，和虞世基是一党。在太子和李世民之间首鼠两端，蒙蔽了李世民。李世民用他做尚书右仆射，要他推荐贤士，他说不是我不尽心，而是真没有奇才。李世民不高兴：“君子用人就像用器物，都是各取所长。难道贤明朝代的才子都是从别的朝代借来的。自己没有找到，怎么可以诬赖全社会的人？”

封德彝征兵时，想取不满十八岁的中男，李世民同意后传出敕令，可魏征固执己见，坚决反对，就是不给签署，如是往返四次，让李世民很恼怒，后来经说服这道征兵命令作废了。魏征最反对对外用兵，隋朝的灭亡就和杨坚大肆征高丽有关。此时又要征十六岁的男孩子，这不是往绝路上奔吗？

但得罪了封德彝。

一次，李世民、魏征、封德彝在一起。李世民感叹：大乱之后难治啊。魏征却道：“容易治理，就像饥饿的人容易喂食一样。”

李世民现在也看书不少，他反问：“古人不是说要一百年之后，才能大治，废除死刑吗？”

魏征说：“圣哲治天下，就像回声一样，一年即可。”

封德彝撇撇嘴：“不，三代之后，轻薄之风见长。秦代用刑法，汉代杂用霸道。都是因不好治理。魏征是书生，喜欢空谈，只会扰乱国家，不要听他的。”

魏征也不客气，反驳说：“五帝、三王都是教化原来的百姓，要看你推行的是什么。黄帝经七十次才制服蚩尤，然后无为而治。夏桀作乱，商汤流放了他；殷纣无道，周武王讨伐他，然后都得到了大治。倘若人心诡诈不淳朴，那现今不是鬼魅世界？”

封德彝不服气。但找不出合适的话反驳。

当年封德彝就死了。

四年后，天下大治，全国一年只判了二十九人死刑，三个铜钱可买一斗米。南方的蛮夷君长进京，可以带刀。自夜不闭户，行不携粮，路上都有供应。李世民感叹说：“这是魏征劝我实行仁义的结果，封德彝是看不到了。”

4

魏征也不是老正确。同年,李世民平定突厥。如何安置突厥人,引起争论。温彦博主张将突厥人放到河南一带的朔方之地,不打散部落,表示没有猜疑之心。魏征反对,他说突厥人自古为患,难以管制。迁到内地,养虎为患。不如在边境安置。李世民最后拍板,同意温彦博的办法。显然温的办法是良策,既尊重突厥人的风俗习惯,又用怀柔的政策同化。

但李世民在其他问题上,仍很听魏征的。这也是兼听则明,偏信则暗。

魏征继续表现着自己。

这一年,他为检校侍中,晋爵为郡公。

李世民到九成宫,在今天陕西宝鸡的麟游县,宫女们安置在围川的官舍。仆射李靖、侍中王珪后到,官员们将宫女移出来,官舍让李靖和王珪住。李世民知道后,大为恼怒:“这些人作威作福,敢轻视朕的宫女!”

下诏要处置官员。问题严重起来。

魏征进谏道:“李靖、王珪都是陛下的心腹大臣。宫女只是在后宫的扫除奴仆。大臣外出,地方官要向他们询问朝廷的法度,回来要向陛下禀报民间疾苦。官舍本来就是李靖们召见官吏的地方。官吏不可不拜见。宫女们就不一样,除了供应吃用外,不需要办理公务。如此审问官员,将是天下人吃惊。”

李世民醒悟过来。不提这事。

一天,李世民在丹霄楼宴会。酒到半酣,李世民锁着眉头对长孙无忌说:“魏征、王珪当年事隐太子、巢剌王(指李元吉),实在可恶,但朕能抛弃怨恨使用他们的才能,无羞于古人啊。可魏征每次劝谏朕,朕不答应而发话时,魏征总是不马上回答朕,是为什么?”

这话说给长孙无忌听,实际是要魏征回答,解除他心中的疑问。

魏征急忙跪下道:“臣以为事情做得不对才劝谏,倘若陛下不答应而发话,臣立即回话,怕事情照原样办理。”

“先答应下来,回头再说,不行?”李世民顾及自己的面子。

“过去舜告诫臣下:不要当面答应,退下去后又说别的话。若果臣当面答应,过一段又说,不就是舜说的那种人?”

李世民哈哈大笑:“人们说魏征行为狂疏简慢,我看到的却是妩媚。”

魏征急忙又叩头说:“是陛下诱导臣劝谏,若果陛下不肯接受,臣怎敢数批逆鳞哉?”

“妩媚”一词真实绝妙,话画出魏征神态。一般是说女子,但他却说魏征。有一种只可意会的意味,表明魏征在他心里的美好定位。魏征也回答得好。这话看似恭维,实在也道出了本质:皇帝需要劝谏,臣下才能劝谏。否则就泡汤。

5

魏征的官越做越大,贞观七年,魏征五十三岁,代王珪为侍中。尚书省有不少诉讼案件没有处置,李世民要他去处置。他没有学过法律,但处置得很公平,人人悦服。进郑国公。但魏征害怕,房玄龄曾参与玄武门之变,李世民说免就免。自己于建国没有寸功,想免还不是容易的? 正好身体多病,眼看不清东西,他提出辞职。李世民不准,劝解他:“你不见金属在矿山有何珍贵,把它锻造成器物就很珍贵。我就像金属,你是良匠加以磨砺。你虽然有病,但并未衰老,如何能辞职?”估计李世民也知道他要辞职的原因。

魏征多次提出辞职。李世民还没有准允。改任特进,知门下省事。朝廷规章、制度都由他参议得失。或许这是魏征的策略,试探李世民对自己的态度。

魏征总是一脸严肃,大小事都要管。

长孙皇后很贤德,也喜欢魏征的正直。

李世民特别钟爱他和皇后所生的长乐公主,公主出嫁时,李世民要陪嫁多于公主姑姑的一倍。

魏征不愿意,上奏道:“汉明帝时,将封皇子。明帝说:‘朕帝怎么能和先帝之子一样？'公主的陪嫁多于其姑姑，恐怕于理不通。愿陛下思量。"

李世民把魏征的话对皇后说后，皇后叹息道："曾听陛下说看重魏征，不知道原因。今天听到劝谏，真是能以义理来说服陛下的感情，是正直社稷的大臣。妾和陛下结发为夫妇，情意深重，但每出言还要看皇上的脸色，不敢轻易冒犯威严。何况臣下？忠言逆耳利于行啊。"

皇后特意赏了魏征五百匹帛。

这一年，皇后去世，葬在昭陵。李世民很伤心，在宫中建造高楼，总登上楼望昭陵。一天，他和魏征一同上去。要魏征看，魏征看后说："臣眼昏花，看不清。"李世民指给他看。魏征道："这不是昭陵吗？"李世民说是。魏征说："昭陵臣也能看见，臣以为陛下在看献陵。"

李世民立时哭了，献陵是李渊的埋葬地。魏征没有明说，但意思很明白，皇后虽然好，但必定不如老爸。这是老李家的江山。李世民遂下令毁了高楼。

站在现代人角度，可以说魏征不理解爱情，不该这么无情。其实魏征对皇后有敬意。这样的皇后很少见。可魏征还是要从大局出发。你为死去的皇后盖那样高的楼，天下的群臣怎么想？百姓怎么想？皇帝为了爱情，不要他老父亲了。孝道到哪里去了？

陕县丞皇甫德参上书说："修洛阳宫，劳人；收地租，厚敛。"修洛阳宫，让百姓劳苦。收地租多，是敛财。

李世民看后大怒，要给皇甫德定讪谤之罪。好像劝谏这块是魏征的，别人都不能劝，一劝就是诽谤。

魏征看到了危险性。李世民不是以前的李世民了，天下安定，百姓富足。也就不是那么谦虚了。

魏征奏道："昔日贾谊给汉文帝上疏说：'可为痛哭者三，可为太息者五。'自古上书，都是言辞激切，不这样就不能引起皇帝的警觉，激切并不是讪谤。"

李世民有所悔悟，说："朕初责此人，若责之，则谁敢言之。"

魏征对李世民常常面折廷诤，有时弄得他面红耳赤，甚至下不了台。一次罢朝后，李世民曾余怒未息地说："会须杀此田舍翁。"又说魏征"每廷辱我"。

好在李世民觉悟快,并没有处置魏征。能听取魏征意见,也给李世民的形象增加光辉:一,如同李世民所说,魏征是过来人,能用他,表明很大度。二,魏征言辞激烈,虽然很难堪,但终于接受,再次表明虚怀若谷。自他杀死兄弟俩,坐上皇位后,心里一直忐忑。怕别人说自己刻毒,而自己一再听取魏征的劝谏,很能消除负面影响。

6

魏征手里有两块牌子。一块是好的,一块是坏的。好的是尧舜包括汉代好的皇帝们。李世民不能不听。坏的是夏桀、殷纣、秦二世、隋炀帝等。李世民不得不听。魏征通晓古今,正反两方面都能举例。

魏征也不总是一针见血,让李世民下不来台。更多时候,是讲究艺术。经常用比喻手法。或者正反对比,指出危害。偶尔也用暗示。上面说昭陵和献陵,就是暗示。李世民多聪明,点到为止。拖也是一种艺术,他劝谏李世民,李不听,他就不立即发话。李世民怪他不给面子,要他先答应,以后再说。他解释是这样是表里不一,拿出舜做挡箭牌。李世民无语。

他鉴于秦、隋灭亡的教训,主张无为而治,与民休养生息。一改隋炀帝奢靡之风,反对营造宫室台榭和不要对外穷兵黩武。为了社会的安定,他要李世民废除隋的严刑峻法,代之以宽平的刑律;为了政治清明,他规谏李世民用人要"才行俱兼",对贪赃枉法之徒要严惩不贷。

魏征跟着李世民到洛阳的昭仁宫,地方官招待不周。李世民脸色不愉快,责备地方官。魏征就对李世民说:"隋炀帝责备郡县进的食物不精美,供物不合要求。上天命陛下取而代之,正应谨慎戒惧,约束自己。如认为充足,已经很充足了。如认为不足,就是比这多一万倍也不足。"魏征的警钟长鸣,李世民又一次吃惊:"没有你,我听不到这样的话。"

为巩固劝谏的效果,魏征回去后,思索了一段时候,上了长长一道奏折。具体说了刑法上的弊病,接着又说隋朝的军队强大,但最后灭亡,就是不居安思危。"思所以危则安矣,思所以乱则治矣,思所以亡则存矣。”生死存亡的关键在于节制欲望和嗜好……

李世民在积翠池宴请群臣，赋诗作乐。群臣一一献诗。魏征在诗的后面说：“终藉叔孙礼，方知皇帝尊。”刘邦取得天下后，叔孙通制礼，让刘邦知道了皇帝的尊贵。

李世民说：“魏征说话从来没有不以礼约束我的。”

过了几天。李世民问魏征：“近来国家政治如何？”

“陛下贞观之初，引导臣下劝谏，三年后见到劝谏还能悦而从之，这一二年，只是勉强接受，心中照旧不满。”

看到李世民心里去了。李世民吃惊起来，“你凭什么这样说？”

魏征侃侃而谈：陛下刚即位时，判处元律师死罪，孙伏伽上奏说法不当死，陛下赏他兰陵公主园，值一百万。有人说陛下赏得太厚，陛下说，刚即位，无人劝谏，故而赏赐厚。这是引导人劝谏。后来柳雄谎报在隋任职资历，有司论死，戴胄劝谏当流放，上奏四五次才免死。陛下说如是这样守法，就不怕滥用刑法了。这是高兴接受劝谏。近来皇甫德参上奏说，修洛阳宫是劳民伤财，收税多是横征暴敛，世俗喜好高髻，是受宫中影响。陛下发怒说：这人要让国家不役使一人，不收一点租税，宫女不留头发，他才高兴。当时臣劝谏，陛下赏赐了帛，但心里还是不平。这就是勉强接受劝谏。

李世民不得不承认：不是你，说不出这样的话。人苦于不能了解自己。

7

魏征之后再无魏征，原因很多。但因人很难具有和魏征相埒的才气和胆略。可说是其中一个原因。宰相王珪就感叹自己不如魏征。

李世民要建飞仙宫，他上表阻止，说德有三种：“上德是‘焚宝衣，毁广殿，安处卑宫’；次德是‘即仍其旧，除其不急’；下德为‘因基增旧，甘心奢靡’。”李世民只好罢建。

这一年，长安连降大雨，到处一片汪洋，冲毁了十九座宫殿和寺庙，六百户人家房子被毁坏。

魏征趁机又上一道奏折，劝谏李世民以德、礼、诚、信为治国大纲。

还说李世民不该信任小人。李世民嘉奖了魏征，废除明德宫玄圃园，赐给遭灾的百姓。

岑文本也是宰相之一，比魏征小十几岁。有一天，李世民问群臣："魏征和诸葛亮，哪个更贤能？"

岑文本说："诸葛亮有将相之才，魏征不能和诸葛亮相比。"

李世民却说："魏征履行仁义，以辅佐本人，想让本人达到尧舜的地步，虽是诸葛亮也比不过他。"

这让魏征很感动。表明李世民理解他。诸葛亮是古今名臣的符号，鲜有能匹敌。李世民竟把魏征看得比诸葛亮还要高，这极难得。

一天，李世民又宴请群臣。席间，李世民道："贞观之前，随朕平定天下的是房玄龄的功劳。贞观之后，进献忠告，纠正朕过失，为求国家长远利益的，仅魏征而已。就是古代的名臣也比不过他们。"

遂解下佩刀，赏赐两人。

魏征最著名的是《谏太宗十思疏》和《十渐不克终疏》。分别是贞观十一年和十三年。

贞观十一年三月到七月，他上了四疏，以《谏太宗十思疏》药量最重。看到李世民有"病"，他着急，要用猛药。

开篇即说："臣闻求木之长者，必固其根本；欲流之远者，必浚其泉源；思国之安者，必积其德义。源不深而岂望流之远，根不固而何求木之长。德不厚而思国之治，虽在下愚，知其不可，而况于明哲乎！"用排喻，引出自己的意图，借以吸引李世民。然后又说创业容易守业难的道理。

历史的经验是"终苟免而不怀仁，貌恭而不心服。怨不在大，可畏唯人；载舟覆舟，所宜深慎。奔车朽索，其可忽乎？"。（臣民）只求苟且免于刑罚而不怀念感激国君的仁德，表面上恭敬而在内心里却不服气。（臣民）对国君的怨恨不在大小，可怕的只是百姓；（他们像水一样）能够负载船只，也能颠覆船只，这是应当深切谨慎的。疾驰的马车却用腐烂的绳索驾驭，怎么可以疏忽大意呢？

接着指出如何做个称职的国君，有十个方面，如见到喜好的东西就要用知足来克制，要兴建什么就要想到适可而止等等。

李世民看了，受益匪浅，写了《答魏征手诏》，将它置放案头，作为座右铭，时时警醒。

魏征有些话很深刻，比如分析百姓的心理，“终苟免而不怀仁，貌恭而不心服”，“载舟覆舟”更是千古不易的真理。百姓是水，君王是船，在水上优哉游哉，但有了风浪，就可以倾覆你。

《十渐不克终疏》比上一篇还要长。渐不克终，是逐渐不能善始善终。李世民难以自始至终约束自己，喜欢奢侈。魏征指出他有十个方面的不足。回忆建国之初，李世民很伟大，直追尧舜。今天话还说得不错，但行为还不如一般的君王。贞观之初，护民如子，现今说百姓无事就容易骄逸，要驱使他们劳役……

等等。

李世民阅览了奏折后，说：“朕闻过愿意改正，以终善道。如违背此言，有何颜面和公相见？把上疏列为屏障，让朕早晚都能看到。也让万世知道君臣之义。”赐魏征黄金十斤，马二匹。

8

魏征还有很多劝谏，不一一细说。据《贞观政要》记载统计，魏征向太宗面陈谏议有五十次，呈送太宗的奏疏十一件，一生的谏诤多达“数十余万言”。

太子李承乾和魏王李泰交恶，李世民要魏征做太子太傅，说当今忠直贵重的大臣没有超过魏征的，有了魏征来统一天下人的期望，太子的翅膀就能变硬。魏征说自己有病辞职，诏答：“汉太子以四皓为助，我赖公，其义也。公虽卧，可拥全之。”四皓是隐士，名望极大。刘邦想换太子，张良出谋请来了四人相助。

贞观十七年，即 643 年，魏征病重。魏征一向简朴，家里没有正寝，李世民停止建小殿，令工匠用建殿的材料为其盖了正寝。知道他不喜欢锦缎，又赐给他素褥布被，派中郎将在他家值班。有动静就奏闻。药品等不计其数。李世民还亲来探望，单独和他谈了一天。

太子、衡山公主和李世民一起来了。李世民摸着他流泪，问他有何要求。他说：“寡妇不愁纬线的多少，而忧虑宗周的危亡。”

李世民打算让衡山公主和魏征的儿子叔玉成亲，让他看一下新娘，魏征已说不出话来。

魏征去世后,李世民亲临哭悼,罢朝五天。让其陪葬在昭陵,下葬时,魏征的妻子说,魏征节俭,陪葬的东西太多,不合他的心意。李世民便用素车载着棺材,白布做幡。李世民亲自写了碑文,颂扬魏征。

魏征一生画上了圆满的句号。

李世民后来派人到他家,见到半张纸,上面写着:"天下之事,有善有恶,任善人则国安,用恶人则国弊。公卿之内,情有爱憎,憎者唯见其恶,爱者止见其善。爱憎之间,所宜详慎。若爱而知其恶,憎而知其善,去邪勿疑,任贤勿猜,可以兴矣。"李世民感动不已,要大臣、侍卫将这些话写在笏板上,以便随时劝谏。

他还感叹说:以铜做镜子,可以正衣冠;以史做镜子,可以了解王朝兴废;以贤人做镜子,可以知朝政得失。魏征过世,我失去了一面镜子。

李世民要画家阎立本将二十四名功臣的像画在凌烟阁上,真人大小,魏征名列第四。李世民还为魏征作了诗。

然而,没有多久,似乎一切都不利于魏征。先是太子谋反,李世民极为恼怒,杀了参与谋反的侯君集。侯君被魏征举荐过,认为有宰相之才。还有一个叫杜正伦的,魏征也说有宰相之才。因泄露李世民的话给太子,被李世民处置。李世民以为被魏征骗了,这个人原来有朋党啊。

也许发现魏征的毛病后,李世民有些高兴。毕竟找到了这个人的毛病。

还有人说魏征将前后谏诤的话抄录给史官褚遂良,有二百多条,想后世留名。李世民大怒,遂终止了衡山公主与魏叔玉的婚事,并下令推倒了亲自书写的纪念碑。

直到贞观十九年(645 年),李世民亲征高丽,战士死伤数千人,战马损失十分之七八,他才又想到魏征,不禁慨然叹息说:"魏征若在,不使我有是行也。"

于是立命驰驿以少牢之礼祭祀魏征,又重立纪念碑。

狄仁杰

（初唐 630—700）

性情刚正，不畏权贵。为大理丞和侍御史期间，判案公正，执法严明。后被来俊臣诬陷，贬为地方官，仍一心为民。两度为相，哭劝武则天立庐陵王为太子，对恢复唐嗣统有大功劳。

狄仁傑

狄仁杰 性情刚正不畏权贵两度为相 器劝武则天立庐陵王为太子 对恢复唐嗣统有大功劳 麟康甲午初秋畫於上海

1

武则天长寿二年(693)正月,神都洛阳城内,朔风凛凛。

御史台府内,左台御史中丞来俊臣高坐在大堂上,斜着眼睛看下面囚犯狄仁杰,然后轻轻地问,你有罪吗?

狄仁杰马上叩头说:“有罪有罪。皇上革命为新大周。我是旧唐的臣子,谋反是实,甘愿受戮。”

来俊臣很难得地笑了起来。他没有想到狄仁杰会认罪得如此之快。原来他准备动用酷刑的,醋都准备好了,要灌鼻的。灌下去呛出来,再不说,还有更多的刑法侍候。他和武则天的侄子武承嗣诬告狄仁杰等七人谋反。

史料中没有说狄仁杰和来俊臣有嫌隙,只说七人中的李嗣真上奏来俊臣不是个东西,得罪了来俊臣,来俊臣也看不顺眼宰相狄仁杰的正直,狄曾反对立武承嗣为太子(武承嗣是个乱七八糟的人,后面还要说),就把狄仁杰捎带上。反正来俊臣有的是酷刑,没有几个不承认的。

朝中规定:只要当时就承认谋反的,可以免死。

来俊臣的属下有个王德寿,对狄仁杰说,我也想升迁,你能把杨执柔也算进你的同党,就可以免死。杨执柔以前是狄仁杰的部下,刚拜为宰相。狄仁杰仰天长叹:“皇天后土,仁杰能做这种事吗?”说完,一头撞到柱子上，顿时血流满面。

王德寿害怕了，嘟哝道：不行就算了，何必撞柱子寻死？

狄仁杰没有死，但狱卒松懈了，他似乎看到了一线生机，就向狱卒要来笔和墨，拆了被子头的绢，写了控诉信藏在棉衣里面，然后对王德寿说，“天要热，我想让家里把棉衣里的棉絮换下。”王德寿答应了。

长子狄光远拆掉棉衣后，看见书信，就为父亲鸣冤，将信交给了武则天。

武则天问来俊臣：狄仁杰他们是否谋反？来俊臣说是啊。他们自己承认的。我又没有逼供，连他们的衣冠都好好地放着。

武则天要落实情况，派一个姓周的大臣到监狱里查看。来俊臣将狄仁杰等换上干净衣裳站在西墙，姓周的害怕来俊臣，去了后眼睛只看东墙，来俊臣很高兴，让人伪造了谢死表。

眼看狄仁杰性命不保，但忽然有了转机。前年乐思晦只当了四个月宰相就被来俊臣诬陷杀害。他不到十岁的幼子被武则天诏见，极有可能是不满来俊臣的行为。小孩子很聪明，见到女皇后，不说自己家满门被抄斩，而是说来俊臣要坏女皇的律法。并且说倘若不信，可以把陛下最亲信的大臣交给来俊臣，他也能说成谋反。

武则天这才想到了狄仁杰，就把七个被诬的官员诏到一块，问狄仁杰：“承反何也？”为何要承认谋反？

“向若不承反，已死于鞭笞也。”

“何为做谢死表？”

“臣无此表。”

令对照笔迹，果然不是狄仁杰，而是王德寿伪造的。

逮捕令是武则天下的，释放也是武则天。不过武则天做事向来利落，说狄仁杰等没有谋反。但也没有官复原职，而是贬到地方。

狄仁杰到江西的彭泽做了县令。

狄仁杰逃过一劫，表明他不仅刚正廉明，还通达权变，不是一根筋，更不是书呆子。他知道关键时刻如何保护自己。

现在狄仁杰的形象更多的是神探，或者审案专家。也不是没有来由，刚做大理丞的时候，一年判案件一万七千件。平均每天四十九件。而且没有错案。

想想看，即便着说法有水分，但也不会太多。当然不是每个案件都要他去破案，而是审理卷宗。大概会破世界吉尼斯纪录。到清代，就有本小说叫《狄公案》。荷兰汉学家高罗佩也有小说《大唐狄公案》，把狄公打扮成中国的福尔摩斯。这是后来人们眼中的狄公。但这样说，最起码是单薄。

其实，狄公是唐朝不畏权贵的重臣、名臣。说严重点，有再造唐室之功。我们以后说。

武承嗣后来几次又要武则天杀掉狄仁杰，但武则天说已经处理过了。没有为武承嗣的话所动。武则天是狠辣的，也是精明的，她知道什么人对她有用。

狄仁杰最少有三四个方面异常优秀：

一忠诚可靠。二胆识过人。三才能非凡。四慧眼识人等等。四方面全能的人并不多，也可说如狄仁杰这样的，寥若晨星。

武则天是唐高宗的皇后，高宗孱弱，武则天要过皇帝瘾，改了国号。武则天是女子中的大丈夫，漂亮、聪明、冷酷，雄心万丈，需要来俊臣这样的酷吏，来维持她的大周。也需要能臣，虽然狄仁杰最初和最终是忠诚于李家的大唐，但并不妨碍他暂时忠诚于大周的武则天。武则天也知道狄仁杰不会百分之百忠于她，但她需要他这样能干的人。而狄仁杰忠于武则天也可看做是权变。

2

狄仁杰，字怀英。并州即今天的太原人。贞观五年（630）年出生。可说是官宦之家，祖父做过尚书左丞。父亲狄知逊任夔州（今四川奉节）的长史。没有人知道狄仁杰的长相如何，很可能不是太标致。

显庆年间，狄仁杰参加明经科考而不是进士科考及第，明经科主要会背经典，比较起来要容易些。但并不是说狄仁杰是只会读死书的把式。此人不仅会背书，处理政事更是好手，手段多多。

刚正的狄仁杰一生被人诬告的次数很多，就是他太扎眼。第一次是刚到汴州(今河南开封)当判佐。诬告人和原因不清,当时年近六十的阎立本为河南道黜陟使,阎立本不仅是著名画家,建筑师,还是很好的官吏,后来为工部尚书、宰相。黜陟使是朝廷派往各地的监察官,他为狄仁杰洗清了冤屈,还发现狄仁杰是个德才兼备的好官员,说是“河曲之明珠,东南之遗宝”。

遂推荐狄仁杰为并州都督府法曹。

夏天,狄仁杰自汴州启程至并州,经巍巍太行山,一天正好雨过天晴,攀至峰顶,他回过头来看,见有一团孤零零的白云在飘动。

他对左右说,“我双亲就在云彩的下面。”很为惆怅地凝视着云彩,直到云彩飘走才起步。

显示狄仁杰性格的是顶撞高宗李治。676 年,即宜凤元年,狄仁杰升任大理丞,武卫大将军权善才误砍了昭陵的柏树。昭陵是唐太宗李世民的陵墓,砍柏树为大不敬,狄仁杰奏罪当免职,但李治红着脸不依,非要杀权善才不可。李治虽然软弱,但这种问题不软弱。

狄仁杰坚持:不当死。

李治的面孔发胀:如此陷朕于不孝,必死。

左右看双方拉硬功,就劝狄仁杰出去,你个从六品下能硬过皇上?再说皇上有高血压,万一气个好歹怎么办?似乎狄仁杰那时忘记李治有高血压,他继续说道:

“微臣听说逆着龙鳞和违背君主的旨意,自古都是很难的,但臣以为不然,在夏桀、殷纣时很难,但尧舜时就很顺利。臣幸逢尧舜,不惧有比干之诛。汉文帝时,有人盗高庙玉环,文帝要杀盗者全家,张释之廷争,只杀了盗贼一人。魏文帝时,因迁徙的事,侍中辛毗拉着曹丕的衣裾劝阻。明主可以服从道理,臣下不怕威吓。倘若今日臣下害怕。臣子死后,羞见张释之、辛毗。权善才犯得不是死罪,为何要杀?律法经常变化,百姓还不无所适从?陛下想要变法,就从今天开始。今日陛下以昭陵的一柏树杀一将军,千百年后,世人何以评价陛下?微臣正是为这个,才劝阻陛下的。”

这番话有理有据,既委婉,又剀切。终于让李治没有杀权善才。权善才和狄仁杰没有什么关系,狄仁杰就是按照律法做。正因如此,狄仁杰受人称道:无私,刚正。

此时武则天还只是辅助李治，估计她已经看好这个年轻人。武则天比狄仁杰大五岁。

狄仁杰性子硬，有主见，有定力，一般不为所动，大概是天生的。

小时候，家里一个门人被杀，县吏来破案，全家都去接受询问，只有他一人坐在书房里看书。县吏问他为何不去。他慢悠悠地说，我正在和书里的圣贤对话，哪有空和你们说话？

权善才事件后，李治对狄仁杰高看一眼，以为找到了一个好法官，升其为侍御史。后来的《神探狄仁杰》大概也是从这些事上，找到了历史上的好法官，好侦探。

3

狄仁杰有三件事让李治叹服，称他为“真大丈夫矣”。

头两件是做侍御史的时候。

韦弘机是司农卿，李治要他建造离宫。他就建造上阳、宿羽、高山等离宫。上阳宫临洛水，有虹桥横跨洛水，极其豪华排场，壮丽辉煌。尚书左仆射刘仁轨不满，前方将士正在和吐蕃出生入死作战，皇宫却这般奢侈。但刘仁轨却说宫殿建得离百姓太近，百姓能看到宫殿的情形。他知道狄仁杰也不满，就找到狄仁杰，要狄仁杰弹劾韦弘机让皇帝奢侈。

韦弘机不服，各有各的责任，我这是尽职。

正巧韦弘机家人有犯盗窃罪，狄仁杰弹劾韦弘机失察，李治只得将其免职。不免职，狄仁杰还要有廷争。明摆着，他争不过狄仁杰。

第二件。

李治喜欢左司郎中王本立，王本立就多行不法，很多人害怕王本立，不敢弹劾。狄仁杰弹劾他，李治很想袒护，狄仁杰既给李治上课，又是护法，道：“国家虽然缺乏英才，但不少王本立这样的。陛下怎么可以用罪人来害王法？倘若一定要赦免他，就把微臣放逐，以作为对忠贞的告诫。”

李治只好摆摆手，将王本立定罪。

最后一件。狄仁杰如此风格，李治就升迁其为度支郎中，管财政。

李治要到汾阳宫巡行，狄仁杰打前站，安排道路、食宿。到汾阳的路上要经过一个妒女祠，当地人传说，但凡有“盛服过者必致风雷之灾”。

并州长史李充玄要征发数万人另开一条御道，狄仁杰不信这个邪。他说：“天子之行，千乘万骑，风伯清尘，雨师洒道，何妒女之害耶?”

天子出行，有千万乘骑，有风伯为之清尘，雨师为之洒道，有什么妒女的危害?

邪不压正，他罢除了数万人的劳役。

所以李治由衷赞叹。

狄仁杰的可贵在于没有私心，他只不过想让大唐的天空不那么灰暗，仅此而已。不过遇到糊涂皇上就难说，以为是和他过不去。好在李治虽软弱，但不糊涂。

武则天更不糊涂。683 年底，李治驾崩。儿子李显为中宗。李显想摆脱武则天，三十六天后，被武则天贬出长安。六年后，武则天称帝，为中国惟一一个女皇帝。

不好说狄仁杰是何心情，我以为很复杂，有无可奈何，有骑驴看唱本—等着瞧等等，可说五味杂陈，酸甜苦辣咸……

反对嘛？明显不行，还没有为帝，只是摄政时，大名鼎鼎的徐敬业就在江南举兵反对，被讨平。只有临时尽忠于武则天。这不仅是狄仁杰，当时多数大臣都是这个态度。

武则天垂拱二年(686)，命狄仁杰为宁州刺史。宁州在今甘肃宁县、正宁一带，各民族杂居之地，乱子多，朝廷深感棘手。但狄仁杰到了后，“抚和戎夏，内外相安，人得安心”。御史郭翰到陇右巡查，百姓纷纷拦路称颂。

由是郭翰举荐。

狄仁杰为冬官侍郎，充江南巡抚使。武则天改天换地，也喜欢改人名，改官名。中书省为凤阁，中书令叫内史；门下省为鸾台，侍中为纳言。尚书省为文昌都台。尚书省的六部吏部、户部、吏部、兵部、刑部、工部，改为天官、地官、春官、夏官、秋官、冬官。

江南有很多淫祠。所谓淫，有过度的意思。淫祠就是不在祀典范围的祠庙。相当一部分可说为当地百姓信仰的地方神，如张骞、关羽等等。狄仁杰下令拆毁一千七百多所，只留下夏禹、吴太伯、季札、伍员四祠,便于文化统一,也避免一些人趁机敛财。

如果要探究狄仁杰的思想内核,从拆毁淫祠上也可看出,是以儒家思想为主。传说大禹治水死在会稽,吴太伯是吴国的始祖,周太王的长子,让位于弟弟,出走到吴。季札也是让位。伍员就是伍子胥,都受到儒家的肯定和赞扬。狄仁杰的正统思想,也是他日后定要说服武则天立李家人为太子的原因。狄仁杰还专门写了檄文,为何要拆毁项羽庙。说项羽不是天命所授。

这里面有政治,既有反武则天的徐敬业就是项羽的意思。也有武则天是不是天命所授?意思很复杂。

两年后,博州刺史琅琊王李冲兴兵反武则天。博州在山东聊城。李冲的父亲是豫州刺史越王李贞,起兵响应。则天命左豹韬卫大将军麹崇裕为中军大总管,夏官尚书岑长倩为后军大总管,率兵十万讨伐,凤阁侍郎张光辅为诸军节度,李父子很快败北。

则天命狄仁杰为豫州刺史。

监狱关进六、七百人,被籍没者有五千人之多,一说论死者两千多人,都是受李贞牵连的。能稳定这些人,就会使豫州大治。狄仁杰上书说,我为这些人说话,有为逆人说话的嫌疑,但不说,又辜负了陛下对臣民的钦恤。上表写了又毁,毁了又写,不能决定。然而这些人并非本来就是恶人,而是受了胁迫。望陛下宽恕。

狄仁杰也有犹豫,有矛盾,但还是小道理服从大道理。还好,武则天也小道理服从大道理,将这些人免死戍边。

囚犯们得以存活,出宁州时,有父老相迎,哭着说:“是狄公让你们活下来啊。”囚犯们大为感动,也相拥而哭。斋戒了三日,才离去。到了流放地,立碑纪念狄仁杰。

张光辅讨伐李贞后,很恃功,纵容部下对百姓暴虐,狄仁杰到张光辅面前,要求予以制止,张光辅发怒说,“难道你看不上元帅?”

狄仁杰立眉凛然道:“乱河南的是一个越王,张公你节度三十万人平乱,纵容部下暴横不法,让无辜生灵涂炭。这是一个越王死,一百个越王生。且王师到来,百姓纷纷归顺,为何你的人要杀降来领功?冤痛能够达到上天啊。倘若有上方斩马剑加到你脖颈上,我即使死了也不遗憾!”

再一次显示铮铮硬骨。狄仁杰想的是天下百姓,和张光辅之流根本不是一回事。

可张光辅是宰相,回到洛阳,就上奏说狄仁杰太狂。武则天于此时没有支持狄仁杰,当时的形势需要张光辅这样的人,便授狄仁杰为复州(今湖北沔阳西南)刺史,很快贬为洛州司马。

史料没有说在洛州的情形。

4

天授二年,即691年,狄仁杰以地官侍郎同凤阁鸾台平章事,也就是宰相。武则天并不好侍候。两年内杀了七个宰相。张光辅也被杀,徐敬业的弟弟说他私自议论天文图谶。

在这样的情况下做宰相,其实很危险。

狄仁杰力图使武则天的政治开明起来,因为他是个开明的人。他当然要遭到酷吏政治的反对。

一天,武则天对他说:"卿在汝南有善政,可是也有人说你不好,卿想知道是哪一位?"

"陛下以为臣有过错,臣就改过;如没有过错,就是臣的大幸。臣不愿知道是谁说臣不好。"狄仁杰眼里露出真诚。

武则天叹了口气。这样如水一样纯洁的人实在不多。

身居高位,想报复谁是现成的,但他竟不愿意知道。很多大人物都做不到这一点。比如前秦时的王猛,卑贱时谁对不起他的,他后来都一一报复。明朝的张居正也喜欢报复。狄仁杰比他们都要来到伟大一些,起码是心胸坦荡、宽广。

不过他也有纠结。

第一次做宰相,他很高兴。一个雪天,他兴冲冲到洛阳城外的姨妈家去看望姨妈,姨妈对他却不冷不热。看不上他为女皇服务。表弟见到他也是只做了个揖就走,很不以为然。他对姨妈说,"我如今是宰相,表弟要做官,我可以帮忙。"

不想姨妈说,"姨妈就这一个儿子,不想让他去侍候女主。"

狄仁杰当时脸就红了。这是在说他没有骨气,不该侍候武则天。

可见有不少人对他不理解。他自己也处在矛盾中。我估计这样说他的人不在少数。

其实他在朝廷中,和武承嗣的矛盾就是来自忠于谁的问题。武承嗣要想做太子,他一做太子,大唐就很难恢复。故而狄仁杰反对,引起武承嗣的不满,发生了本文开头被诬陷的事。就此也可以看出狄仁杰还是儒家思想没有变。

一生两次宰相生涯,这是第一次。一年零三个月。

693 年,狄仁杰被贬到彭泽做县令,还要从头干起。此时已经六十四岁,但依然雄心不已。

彭泽在江西最北端,东晋的陶渊明曾在这里做过八十天县令,挂冠而去,归隐山林。狄仁杰不是陶渊明,人生追求不同。陶渊明追求高洁,不愿和当局同流合污。狄仁杰是政治家,要干实事。

狄仁杰闲下来的时候,也想到陶渊明,读陶渊明的诗,佩服陶渊明,但他做不来。是年彭泽大旱,百姓无粮,他上疏要朝廷赈济,免除租赋,救百姓于水火之中。

三年后,也即 696 年十月,契丹攻陷冀州(今河北临漳),河北动荡,急需要能人稳住局势,武则天调狄仁杰到魏州做刺史,魏州和冀州相邻,在今大名一带。

狄仁杰总是有独立思想,前任刺史害怕,让百姓都入城,固守城池。但狄仁杰一到,就将百姓散出去返田耕作。他说,“贼人远着,要是来了,我自有办法。”于是百姓都回家耕作。契丹人听说后,放弃了攻魏州,返回北部。避免了一场灾难,当地百姓称颂狄仁杰,又为其立碑。

不久,又为幽州都督。

狄仁杰不少时候和别人思维不一样。李治时,他还是侍御史,到岐州就是今天的陕西凤翔巡视,当时和吐蕃交战失利,士兵落草为寇的多,官府越加紧追捕越多。

狄仁杰到后,干脆释放被抓的,又让人到山中招降盗贼。结果,很短时间地方平静。

武则天很赞赏狄仁杰,赐给他紫袍、龟带,并在紫袍上亲笔写下十二个金字:敷政木,守清勤,升显位,励相臣。

5

神功元年(697年)十月,狄仁杰被召回洛阳朝中,官拜鸾台侍郎、同凤阁鸾台平章事,加银青光禄大夫,兼纳言。间隔四年,又恢复了宰相职务。

武则天在太子问题上犹豫徘徊,侄子武承嗣、武三思都想为太子,二武说自古以来没有以异姓为太子的。是说的李旦,李旦是武则天的第四子。上年宰相李昭德以为立李旦为好。但武则天没有答应。后李昭德被来俊臣诬陷杀害。来俊臣诬陷人成瘾,不诬陷人就不得过。他说太平公主、皇嗣李旦等谋反。结果太平公主说他谋反。武则天的天平倾向于自己的女儿,来俊臣也被杀。

来俊臣死后,武则天的酷吏政治略有收敛,和她天下比较太平也有关。该杀的杀得差不多了。

狄仁杰当然不看好二武,武承嗣是个小人,武则天称帝,他出了很大力。目的就是要自己为太子。武三思也是小人,巴结武则天的面首。劝说武则天就有了时机。狄仁杰说:“立子,则千秋万岁后配食太庙,承继无穷;立侄,则未闻侄为天子而附姑于庙者也。”

“此朕家事,卿不要事先说话。”武则天正色道。

“王者以四海为家。四海之内,孰非臣妾?何者不为陛下家事!君为元首,臣为股肱,义同一体。况臣位备宰相,岂得不预知乎?”

对帝王来说,家就是国,国就是家。武则天的说法不成立。狄仁杰的反驳很有理,也有力。但女皇就是女皇。她还是倾向于武三思,甚至有些发怒。

后来的一天,武则天愁眉不展地对狄仁杰和另一个宰相王方庆说:“朕昨晚做了一个梦,梦见双陆不胜,是何意思?”双陆是当时的一种棋艺,下棋中女皇失败。

两人同时奏说:“这是表示无子。这是天意在警示陛下。太子为天下之本,本一摇动,天下危机。文皇帝身蹈锋镝而有天下,先帝寝疾,要陛下监国,陛下立国十余年,欲以三思为后。姑侄和母子哪一个更亲?陛下立庐陵王为太子,千秋万代都享宗庙,三思为太子,就不会如此。”武则天最信迷信，狄仁杰不信，但他巧妙地利用女皇的信迷信，说服了武则天。当天，武则天即派人自湖北房州接庐陵王李显回宫。

但武则天还有些不大甘心。她把李显藏在帐子里，然后又召见狄仁杰，问该怎么办？

狄仁杰跪在地下直哭，请女皇赶快立为太子。武则天这才让李显出来，说：

“还你的太子。”

这是《新唐书》上明确记载的，比较搞笑，口气活灵活现。太子是狄仁杰的太子。不是她武则天的。当然里面有无奈，有认可，也有对狄仁杰的佩服。

在这场有关李唐皇室延续的斗争中，狄仁杰胜了。八年后，狄仁杰举荐的张柬之等，利用武则天病重，拥立李显，恢复了李唐的天下。

三百余年后，宋代的文豪范仲淹在倒霉期间，经过狄仁杰被贬的彭泽，看到百姓为狄公立的祠堂，大为感叹，挥笔写下了《唐狄公碑》一文，称颂狄仁杰：“天地闭，孰将辟焉？日月蚀，孰将廓焉？大厦仆，孰将起焉？神器坠，孰将举焉？岩岩乎克当其任者，唯梁公之伟欤！”

挽救天地日月，救神器于既倒，除了狄梁公还有何人可以胜任？

就是说的狄仁杰这一段。

当然范仲淹也以狄仁杰激励自己，狄仁杰六十多岁被贬至彭泽，仍百折不回，精神感人。

有野史说他倜傥、幽默。也可信，不然就太乏味。

据说曾授他司农员外郎。每次审理案件，员外郎只能随声附和正官的裁决，狄仁杰说员外郎如同侧室，正员官位居正房，这实在太难侍候女主人了，怎么干也得不到一点儿笑脸。

王及善、豆卢钦望二人为左右相。狄仁杰的才能和名气为人们所公认。狄仁杰喜欢戏弄王、豆卢二人。王、豆卢二人都很擅长“长行”。长行是种赌博游戏，他们拜相后，对朝中的官员们说：“我们没有材行，担任此职太不适当。”

狄仁杰说：“你们二人都很擅长长行，怎么能说没有材行？”

当然其实王及善还是很有骨气的，主张惩治来俊臣。唐朝是多宰相制，不是一个专权。武则天时期一共七十多个宰相。优秀的也不少，比较起来，狄仁杰是最优秀的。

就是这一年，武承嗣忧郁而死，去掉了狄仁杰一块心病。武承嗣被狄仁杰反对，当不上太子，还罢为特进，就很忧郁。

6

圣历元年(698 年)秋。

突厥南下骚扰河北一带。武则天命太子李显为河北道元帅、狄仁杰为副元帅征讨突厥。年迈的武则天亲自为狄仁杰送行，狄仁杰也近七十，鬓发花白，但为驱除敌寇，依然上战场。突厥人听说大军来到，尽杀所掠赵、定等州男女万余人退还漠北，狄仁杰追之不及。武则天改任他为河北道安抚大使。

敌军已去，不少被裹挟的百姓害怕被处死，纷纷逃跑，藏了起来，几乎十室九空。狄仁杰上书武则天，说“民犹水也，壅则为渊，疏则为川。通塞随流，岂有常性？昔董卓之乱，神器播越，卓已诛禽，部曲无赦，故事穷变生，流毒京室。此由恩不溥洽，失在机先。今负罪之伍，潜窜山泽，赦之则出，不赦则狂……愿曲赦河北，一不问罪。”

就是要求武则天对这些人不要问罪，让他们回家。武则天听从了劝说。

狄仁杰又采取了三条措施：一、散粮运以赈贫乏。二、修驿路以济旋师。三、严禁部下侵扰百姓，犯者必斩。很快恢复了河北的安定。

李家王朝信道教，武则天偏偏信佛，还不是一般的信。洛阳龙门的最大卢舍那佛像，据说就很像武则天。她把佛教作为国教。

狄仁杰既不信道，也不信佛。

700 年，狄仁杰升为内史(中书令)。这年夏天，武则天到三阳宫避暑，有位胡僧请她观看安葬舍利佛骨，武则天很高兴，正要驱车前往。

狄仁杰却跪于马前拦奏道：“佛者，夷狄之神，不足以屈天下之主。彼胡僧诡谲，直欲邀致万乘所宜临也。”

武则天年老，眼光变得有些柔和，遂中止而还。

是年秋天，武则天想造浮屠大像，估计费用多达数百万，宫廷没有那么多，于是诏令天下僧尼施钱以助。

狄仁杰又上疏谏:“如来设教,以慈悲为主。哪里是要劳动人,用来装饰?……当今水旱不匀,边境未宁。如果浪费官财,又费尽人力,一旦有难,将何以救之?”

武则天再次接受了他的建议。

纵观狄仁杰,事事处处以大局为重,以天下安定,百姓安稳为重。

当然狄仁杰不是神,他也会犯错。就战略眼光来说,他不如武则天。比如,他主张放弃安东。安东都护府很大,包括辽东半岛以及高句丽,也即今日的朝鲜半岛的大部。都护府唐初设在平壤,后几经变动,都护府迁至辽宁抚顺的高尔山山城,叫新城。696 年,辽西的契丹反唐,后被平。一时,朝中主张放弃安东的不少,狄仁杰两次上疏,说安东让国家频频出师,财政难以负担等等。要放弃安东,充实辽西。但武则天没有听狄仁杰的,这是国家的核心利益,不容放弃。只是临时将安东都护府降格为都督府,后又恢复。

7

狄仁杰大气,从不妒贤嫉能,相反予以积极推荐,奖掖后人。

一天,武则天要他推荐将相之才,他说荆州长史张柬之很能干。张柬之先后做过监察御史、蜀州刺史。武则天将张柬之擢升为洛州司马,就是狄仁杰被贬时的地方。

数天后,武则天又要他推荐相才,他还说张柬之。武则天说,已经提升了啊。狄仁杰道:提升的是司马,不是宰相。

不知道武则天为何没有一下子升张柬之为宰相,反正狄仁杰坚持。于是武则天升其为秋官侍郎,不久为宰相。

狄仁杰还先后推荐了桓彦范、敬晖、窦怀贞、姚崇等数十位忠正、精干的高官,他们被武则天委以重任之后,政风为之一变,朝中出现了一种刚正之气。

故而,有人对狄仁杰说:“天下桃李,悉在公门也。”没有结党营私的意思,尽是褒扬。

狄仁杰笑笑,没有说话。

张柬之除张昌宗、张易之很有意思。

张柬之看女皇病重，就和桓彦范、敬晖、姚崇等商议，除掉二张。二张是女皇的爪牙。时以桓彦范、敬晖为左右羽林将军，姚崇为灵武道大总管。数人以迅雷不及掩耳之势，除掉二张，迎接李显复辟为中宗。史称神龙革命。

十几年间两次革命。

狄仁杰是一贯的。696年，契丹松漠都督李尽忠反叛，猛将李楷固也附和，曾屡次打败武周军队，后兵败来降，不少朝臣主张斩之。狄仁杰却认为李楷固有骁将之才，若恕其死罪，必能感恩效节，于是奏请授其官爵，委以专征。

武则天听从了他的建议。果然，李楷固后来率军讨伐契丹余众。

李楷固凯旋而归，武则天设宴庆功，举杯对狄仁杰说："公之功也。"要奖赏狄仁杰，狄仁杰说是陛下之功，不受奖赏。

他已经七十一岁，很老了。多次以年老告退，但武则天不许。

久视元年，也即700年，狄仁杰病故。很少流眼泪的武则天哭道："朝堂空也。"

也许，临终前的狄仁杰会梦见张柬之牵头搞了宫廷政变，恢复了李唐的天下。会梦见姚崇大展才干。

狄仁杰和张柬之、桓彦范、敬晖等比较一下，可看出狄仁杰的智慧。

政治环境差不多，都可以说与狼共舞。狄仁杰的时代，武承嗣、武三思都想置他于死地，并且来俊臣还有行动。但狄仁杰躲过了这一劫，还再度为相，举荐了能复辟李唐的张柬之等。可说是有大智慧。

张柬之很猛，很硬。除掉二张后，大步走到武则天的寝宫，武则天喝问，怎么回事？他回道，张昌宗、张易之谋反被除。武则天要太子等返回东宫，张易之大声说，要女皇传位给太子。

武承嗣死后，还有一个武三思。但张柬之等忽视了武三思。中宗复辟后，还是软弱，任韦皇后胡行，和武三思勾搭成奸。此时要除掉武三思就不可能了。结果张柬之等五人都被诬陷贬官，八十多岁的张柬之气愤而死。其他几个有的被杀，有的病死。

如狄仁杰在，当不会出现这种情形。

姚　崇

（初唐 650—721）

大器晚成，为武则天、唐睿宗、唐玄宗三朝宰相。清正廉洁，治世有方。一生不改自己的品性，被称为“救时宰相”，为开元盛世打下良好基础。正气多多，毛泽东赞其为“大政治家”。

姚崇大器晚成为武则天、唐睿宗、唐玄宗三朝宰相清正廉洁治世有方

麟康画於甲午初秋

1

机遇对人来说，有时候显得很重要，能改变人的一生。姚崇假如不是遇见张憬藏，就有可能一辈子待在老家。张憬藏饱学，但不肯做官，会相面。是个高人，给很多人包括宰相刘仁轨相过面，无一不准。姚崇二十岁时，张憬藏游学到广成，落脚在姚崇家。

姚崇家摆满了兵器，上溯四代，他家就是将军，一直到他父亲，还是都督。十二岁时，他父亲病故，他随母亲到汝州梁县广成外婆家住。十八般武艺他都精通，喜欢打猎，体魄强健，眼里熠熠有光。但此时已是和平时期，不是用武的年代。

张憬藏劝姚崇读书，并说："广成是广成子所居的地方，广成子是先古贤人，黄帝曾问道于广成子。你应当以文才显名。极有可能为宰相。"

自此姚崇发愤读书，中了进士。后历任武则天、唐睿宗、唐玄宗三朝宰相。唐玄宗的"开元之治"，姚崇是第一个大贡献者。

宋代的史学家司马光称他为四大贤相之一。

毛泽东在史书的眉批上称赞："大政治家、唯物论者姚崇，如此简单明了的十条政治纲领，古今少见。"十条纲领，后面再说。

他浑身正气，多次遭贬，但仍百折不挠。

他周身智慧，多次身处厄境，但化险为夷。

他脚踏实地，不尚空谈，谋国为民，心系苍生。

姚崇字元之，陕州（今河南陕县）硖石人，就在洛阳附近。因为习武，姚崇身上有侠气，性倜傥，不拘小节，才干又出众。

上元二年(675)四月，高宗李治的太子李弘病死，李治和武则天很伤心，用皇帝礼葬儿子。葬礼需要资质很高的官员为儿子拉灵车，要边走边唱。大约八十到一百二十人。这些人称为孝敬挽郎。

姚崇被选中。

但姚崇不满足，677 年，又参加制举考试，高中“下笔成章”科。就是说，姚崇才思敏捷，写文章，下笔立就，而且文采漂亮。二十七八岁的姚崇很风光。

朝廷任命他为濮州司仓参军。濮州的州治在今山东的鄄城北的旧城，管辖的范围相当于今天山东鄄城和河南濮阳的一部分。司仓参军是从七品，相当于地市级财政局局长。

姚崇是实干家，一步一步自基层干起，后又到郑州为司仓参军，一干就是十三年。他积累了从政的经验。

大约在武则天天授年间，姚崇回到了神都洛阳。洛阳有“天心地胆之中，阴阳风气之会，四通八达之所，声名文扬之区”的说法。武则天为了避开传统势力，就定都洛阳。姚崇为司刑寺的司刑丞，也即原来的大理丞，全国最高的审判机关。狄仁杰早年待过的地方。

没有史料说他判案的情形。只是他死后，老政敌张说在神道碑上称赞说他当时救活了不少人。

进入狄仁杰的视野。

不久，姚崇就为夏官郎中。夏官就是兵部，姚崇自幼喜兵，在兵部他简直游刃有余。正巧，696 年，也就是万岁通天元年契丹人造反。松漠都督李尽忠是契丹人，武则天赐姓李。节制松漠的是营州（今辽宁辽阳）都督赵文翙，后者是个不称职的人，常常把契丹人当奴仆。松漠发生灾荒，他也不去赈济。李尽忠就借机起来。李尽忠很厉害，自内蒙古巴林右旗南进军到辽阳，杀了赵文翙，进逼今北京密云一带的檀州，又攻下冀州，整个河北摇动。

武则天派遣军队抵挡，但节节失利。每天告急的文书，雪片一样飞到夏官，但姚崇处理得井井有条。报告条分缕析，有理有据，意见很得当。喜坏了狄仁杰，也喜坏了武则天。

命姚崇为侍郎，相当于国防部的副部长。是年，姚崇四十七岁，开始参与朝政。

姚崇积极筹划，武则天出兵十路，平息了李尽忠。

2

神功元年(697 年)的一天朝会。

已经七十四岁的武则天说："前些时，周兴、来俊臣审理案件，说不少朝臣反叛，国法在此，朕也无话可说。但朕怀疑有冤枉，是滥用刑罚造成的，派近臣到监狱中去审问，及得到他们手写的状纸，均自己承认有罪，朕就不怀疑了。自二人死后，就听不到谋反的事了，但此前被杀的人中，是不是有冤枉了的呢？"

大臣们都不说话。有的不敢说，有的不想说。

姚崇曾在刑部任职，办过不少案件，知道真情，坚定地奏道：

"自垂拱(685—688 年)以来，被告得家破人亡的，都是冤枉，都是自诬。告密的人因之而立功，天下都在罗织人罪，情形比汉朝的党锢之祸还要厉害。陛下派人到监中查问，被派去的人自身也难于保全，如何敢去摇动原案呢？被问的人若要翻案，又怕遭毒手。将军张虔勖、李安静就是这样死的。全靠老天保佑，皇上你醒悟过来，诛杀了坏人，朝廷才安定下来。从今以后，微臣以自身及全家百口人的性命担保，现今内外官员中再也没有谋反的人。恳求陛下，今后要是收到告状，只是把它收存起来，不要追究就是。假若以后发现证据，真的有人谋反，微臣甘愿承受知而不告之罪。"

批评尖锐，意见中肯。也可见姚崇的性格。竟然敢担保今后没有一个谋反的。

武则天非但没有发怒，反而很高兴。她说："以前宰相顺着既成的事实，害得朕成了个滥行刑罚的君主。听了你所说的，很符合朕的心意。"女皇有两手，血腥镇压是一。反过来又作秀是二。责任是别人的。所以她很高兴。

赐给姚崇银子一千两。

神龙革命后，别人都很高兴，唯有他哭，就是武则天能理解他。后面还要说。

700 年，也即久视元年，狄仁杰推荐姚崇为同凤阁鸾台平章事，就是宰相。不久，又兼相王府长史。相王就是李旦，武则天的幼子，后来的唐睿宗。狄仁杰推荐他，也是因狄仁杰已经打下了好的基础，要他好好继承。

武则天要其为长史，大概就是要他联络和李旦的感情，以后好辅佐李旦。月余，又兼夏官尚书，姚崇以为这样不妥，就上奏道："臣为相王长史，又兼兵部，不是臣怕死，是如此对相王不利。"

女皇又改其为春官尚书。可见对姚崇的器重。

姚崇一上任就很忙，自洛阳到太原，也就是并州检查军事，防备突厥。

这一年，狄仁杰病故。姚崇很伤心。

702 年正月，雪花飘飘，正是冷极之时。蒲州（山西永济县西）跨安邑、解县两地的盐池发生矛盾，供不上长安、洛阳两地的盐。姚崇来到白花花的盐池，这里连风都是咸的。史料没有说他如何调停，但只要他一到，盐池就能正常运转起来。

九月，并州突厥人入侵，姚崇又为并州道行军长史，协助李旦讨伐突厥。

女皇很看好张昌宗、张易之两个面首。兄弟两人长得好，但心理阴暗，趁势作威作福。张易之尤甚，历任司卫少卿，奉宸令，麟台监，还受封恒国公。朝中没有人敢得罪他俩。

李重润是太子李显的儿子，和永泰郡主说了几句对兄弟俩不敬的话，被兄弟俩告到女皇那里，女皇立即要李显调查。什么调查啊，就是让两个人死掉。不然本来就不牢的太子地位更不牢。

结果两人死掉。

但姚崇偏偏不信这个邪。

姚崇和狄仁杰一样，不信神，也不信佛。他讨厌女皇的面首。

张易之是不是真正信佛，不知道。只知道他私自在他的家乡定州义丰（今河北安国）建一座寺庙，庙建成后，他要请十个高僧大德去到庙里。高僧大德愿意在洛阳围绕女皇，不愿意去义封。高僧们不敢对抗张易之，找到姚崇哭诉，姚崇就不让去。张易之来找姚崇，姚崇不买他的账。

这还了得，张易之嘴一歪，就把姚崇从宰相的位置拉下来，做司仆卿，管理国家的御马和马政。有点弼马温的意思。后又以突厥犯边为由，将他踢出京城，到灵武道做大总管。灵武在甘肃。

这是704年八月二十九。

临走的时候，武则天要他推荐“堪为宰相者”，他说：“张柬之沉厚有谋，能断大事，且其人已老，唯陛下急用之。”张柬之是湖北襄阳人，性情强硬，狄仁杰推荐其为秋官侍郎，年已七十。

史书没有说两个人的个人关系，就如同没有说他和狄仁杰的个人关系一样，我想应该是物以类聚，人以群分。都是真君子，自然就相互吸引。倒是平日，不见得要有来往。正是没有来往，才见真性情。

不当宰相，姚崇并不感到失落。此前有二十多天，他多次请求要回家侍奉有病的老母。女皇批准了。但时间很短，大约他不赞同女皇的一些做法，或者是二张的行为。

3

四个月后，洛阳城内在酝酿一场前面多次提到的革命。

气氛紧张、诡秘。

以张柬之为首的要除掉二张，赶女皇下台。女皇当皇帝的瘾过了十几年，也应该收场了。他们要李旦复辟。

酝酿中，姚崇大概闻到了气息，自灵武回来。张柬之一见，大喜，就让姚崇参加。姚崇谋略周备，久掌军国。一帮人出乎意料地顺利。二十二日深夜，在严寒中，同左羽林大将军李多祚率左右羽林兵500余人，攻克洛阳宫北门玄武门，杀掉二张。基本不算流血，逼迫女皇退位，将李显扶上龙椅。

二十五日，姚崇再为宰相。加封梁县侯，食邑二百户。

二月五日，李显率百官到上阳宫为武则天请安，众人都面露喜色。但姚崇望着八十二岁的武则天，仿佛一盏油将干枯的油灯，满脸憔悴，他不禁失声哭了起来。

张柬之、桓彦范当即责备他：今天你哭泣不止，祸就要来了。

姚崇却很坦然答道：

“元之事则天皇帝久，乍此辞违，悲不能忍。且元之前日从公诛奸逆，人臣之义也；今日别旧君，亦人臣之义。虽获罪，实所甘心。”

真性情得淋漓尽致。满朝文武都抵不过一个姚崇。从道义上打败了满朝文武。当然也包括中宗李显。李显当天就把姚崇贬为亳州刺史。

后世有人说姚崇是计谋，看到张柬之刚愎自用，也看到武三思的嚣张和李旦的软弱，哭是计。目的就是为了避开政治漩涡。尽管从结果上看是如此，但这不会是姚崇的初衷。初衷还是他对女皇有感情。他想起了女皇有为的一生，可眼前的老人就要死了，他为何不能哭一哭？

也说明李显低级，没有度量。既软弱又没有度量，离开也好。

事实上，亳州成了姚崇的避风港。武三思将政变有功的张柬之几个人都打入了另册，一个个被贬，被杀，或被气死。

直到710年，李显死，李旦立，姚崇一直为地方刺史，史书说：“历宋、常、越、许州”。

这五年，宫中气氛异常。李显被韦后毒死很正常，韦后想做武则天，就毒死李显。据说是让李显吃毒饼。李显死的前两年，武三思被太子李重俊派人杀死。

韦后立十六岁的李重茂为帝，自己做起了第二个武则天，但历史没有重演。一个多月后，临淄王李隆基和太平公主就发动政变，杀死韦后，李隆基让自己的父亲李旦为皇帝。

期间的斗争惊心动魄。

李旦熟知姚崇，拜姚崇为兵部尚书，宰相，进中书令。

李旦同样有些白痴。

武则天有榜样作用，韦后想做，太平公主也想做。太平公主是武则天的女儿，长相和性格都很像武则天，说一不二，并不太平，把自己的男宠张昌宗献给武则天。

李隆基也不是肯让人的人，于是又有番恶斗。

太平公主多谋善断，朝中重臣多是她的人，只姚崇、宋璟除外。

宋璟字广平，河北人，比姚崇小十三岁，也极其精干。曾得罪武三思和二张，此时为吏部尚书、宰相。史称“姚宋”，二人都是贤相，有很好的合作空间。

当时有数千名“斜封官”。斜封官不是正常途径来的。是人们花三十万贿赂后宫的女人们，然后直接由皇上下敕书到中书省。敕书用斜封。

姚崇、宋璟奏请罢免这些斜封官。斜封官多是无用之才。李旦同意。但后来太平公主说是先帝定下的，又恢复了斜封官。两人生气，也无可奈何。

因太平公主干政，两人上书，望李旦将太平公主迁到东都洛阳（复辟了的李唐又回到长安）。不想，李旦竟将这话说给了太平公主，太平公主大怒。太子李隆基慌了手脚，说两人挑拨皇上兄妹关系，将姚崇贬至申州（今河南信阳浉河区）为刺史。宋璟到楚州做刺史，在今安徽凤阳、定远一带。

李隆基和两人相善，李隆基的盛世和两人分不开。

4

姚崇史料尽显事三帝的宰相生涯，刺史又是一句话。由申州又“除徐、潞二州，迁扬州长史。政条简肃，人为纪德于碑”。

至 713 年，也就是先天二年，三年中，姚崇到了四个州，时间都不长。但体现了姚崇的风格：政条简肃。也即政务条例简明严肃。故而人们石刻他的功德。

朝中又有了风云，李隆基和太平公主，各不相让。

太平公主一心要效仿武则天，但她不是武则天。自己的资质是一，二是她依靠的臣僚也不是最好。但李隆基不一样。再说武则天的时代已经过去。中国是男人说了算。

太平公主要李旦废掉李隆基的太子，李隆基太强势。她想找一个弱小的，可以掌握的做太子。但 712 年，李旦还是将位置禅让给了一代雄才李隆基。

太平公主想发难,被李隆基利落地收拾掉。太平公主是李隆基的姑姑,姑姑也不行。权力上面无父子,更别说姑姑。中外都是如此。这一事件发生在713年的六月。但二月,李隆基曾秘密召见了姚崇。

李隆基是到新丰(今陕西临潼东北)讲武,也就是军事检阅的意思。新皇帝的要务就是赶紧抓军队。故事:凡天子行幸,方圆三百里的牧守都必须到。姚崇在同州,即今陕西大荔。两地距离不远,快车一天多就到。是年姚崇六十四岁,但依然精神健旺。

李隆基正在渭河边行猎,当即召见,二十七八岁的李隆基正是英武之时,兴致勃勃。

"卿知道如何行猎?"

打猎正是姚崇的强项,姚崇就说了自己的经历,自折节读书后就没有打猎了,但如今虽然老了,还是可以。李隆基就越发高兴,和姚崇一起坐在车子上,大呼小叫,快快慢慢,狂了一阵。

当天收获一定颇多。

对姚崇来说,更重要的是政治收获。猎罢,李隆基就咨询天下的事。《新唐书·姚崇传》中用了五个字:衮衮不知倦。衮衮是形容滔滔不绝。

李隆基大悦,"卿可以为朕相。"

但姚崇并不像一般臣子一样立马叩头谢龙恩,他的举动让李隆基吃惊,就问他怎么回事?李隆基第一次见到这种情形。其实姚崇在和李隆基玩心理战。他知道李隆基大度,迫切用人,要解除太平公主一帮人。

姚崇这才说,"臣有十件事要奏,若陛下以为不可行,臣就辞职不干。"

李隆基点头让他说。可见姚崇是有备而来。

十件事,是开元之治的政治大纲,也是姚崇作为政治家的十条纲领,有必要说一说。

一、改严刑峻法治理天下为仁义先行。

二、在数十年内不求边功。

三、自则天太后临朝称制以来,往往由宦官代表朝廷发言,今后不要让宦官参与公事。

四、不许国戚在朝廷要害部门做官，斜封官一律撤销。

五、亲近佞幸之徒，触犯法律的，都因是宠臣而免予惩处。以后要依法办事。

六、除租、庸、调等赋税而外，其他一切摊派都要杜绝。

七、武后造福先寺，中宗造圣善寺等，皆耗资巨万，坑害百姓。请求禁止建造寺观宫殿。

八、前朝玩弄大臣，有损于君臣的常礼。望陛下对臣下以礼相待。

九、前朝大臣直言进谏者，有的丢了性命，从而忠臣都感到灰心。请求凡是做臣子的，都可以犯颜直谏，无所忌讳。

十、西汉与东汉，外戚乱政，后世寒心，我唐的外戚专政，更加厉害。请求陛下将我朝的这种事情写在史册上，永为前车之鉴，成为万世不能重犯之法。

李隆基听后，情绪异常激动，红着面孔道："此事诚可谓刻肌铭骨啊！"

这十条施政纲领是保证一个开明时代的到来，是专制的结束。故而李隆基很赞赏。

翌日，就正式命姚崇为宰相。这是姚崇最后一次拜相，也是作用最大发挥的一次。

但据说，还有一个小插曲。

此时张说是宰相。张说很能干，诗人，有性格。李隆基为太子时，张说是侍读。张说比姚崇年轻十几岁，不晓得为何两人相互看不上。

暗中指使御史大夫赵彦昭弹劾，李隆基不予理睬。接着，张说又使殿中监姜皎向李隆基建议，任命姚崇为河东总管，以阻止姚崇入相。李隆基知道是张说的计谋，不顾阻挠，仍拜姚崇为兵部尚书，同中书门下平章事。

姚崇任相后，张说私自到岐王李范家申述意见。

一天朝罢，朝臣们都已离去，姚崇独自跛着脚落在后面，李隆基叫住他，问他是怎么回事。他说，脚坏了。又问，不很痛吧？回答说："我心里有个忧虑，痛苦倒不是在脚上。"李隆基又问这是什么意思，他说："岐王是陛下的爱弟，张说是辅佐大臣，他们秘密乘车出其家门，恐怕要坏事啊！所以臣很担心。”

张说被贬为相州(治所在今河北临漳县西南)刺史。

姚崇是复杂的,也是尖锐的,朝臣争斗中,自不肯甘拜下风。

就在此时,另一宰相刘幽求也被免职。刘幽求以前支持过李隆基除太平公主,免职的理由不清。但刘幽求有怨言,意思是功劳比他小的,都掌了实权。李隆基听说后,让人追查。

姚崇和另一宰相卢怀慎上奏道:“刘幽求是功臣,乍任闲职,稍微表现沮丧,也是人之常情。功业既大,地位又高,一旦被送进监狱,恐怕要引起很大的震动。”

刘幽求于是被调出京城,去做睦州(治所在今浙江淳安县西南)刺史。

姚崇和卢怀慎的话,可以看做是保护刘幽求,也可看作刘确有“怨望”之罪。史书说姚崇对刘幽求素怀嫉妒之心,就是指此。

5

七月,李隆基果断除掉太平公主,让大唐开始良性发展。姚崇在期间发挥很大作用。

中宗时,公主、外戚得到批准都可度僧出尼,有的还建造寺院。因僧尼不用缴纳税赋,一些富户强丁纷纷出家。姚崇上奏李隆基,说:“佛不在外,悟之于心。行事利益,使苍生安稳,是谓佛理。乌用奸人已汩真教?”

信佛在于内心的感悟,而不在于外表的形式;做事使民众安稳,就合于佛教的要旨,何必妄度坏人为僧尼,反而破坏了佛法呢?

这段话不可小觑,它代表了姚崇的某些思想。一个中国实干政治家对宗教的看法。而且他的看法很对。阐明了宗教的本质。当然从另一个角度讲,宗教还是要有外在形式,形式和内容不可分离,否则就不用出家。

李隆基听从了,下令“汰僧伪滥,发而农者余万二千人”。

姚崇直到死,也还是反对佛教的外在形式。他在遗嘱里抨击佛教,说今日的佛经,是后秦皇帝姚兴和鸠摩罗什一起翻译的,但姚兴的命运反而不好,国家也很短灭亡。南梁的梁武帝也极为信佛,但也很快灭亡。武三思、太平公主都造寺,也没有得救。反而在五帝三王时,国祚长久,人长寿,那时也没有佛经。他要子侄们谨慎,不要相信抄经拜像可以长寿等等。

其实,宗教只是一种生活方式。是有关个人灵魂的事,和国家命运个人前途以及生死没有一点关系。

但有件事李隆基不表态,让姚崇惶恐。

就是郎吏的大小、先后次序排列。他几次上奏,李隆基都不说话。吓得他急忙出去,高力士是个不错的太监,就问李隆基:陛下新即位,要和大臣商量裁决事情。适才姚崇宰相亟言,陛下不听,不是虚怀若谷啊?

李隆基笑笑:朕要其为宰相,大事由我来裁决,郎吏这样的事,他不能来烦我啊,是不是?

高力士将话学给姚崇,姚崇才将七上八下的心放下。说明李隆基充分相信他,也说明李隆基的为政贤明,抓大放小。

开元四年(716),黄河以东蝗虫铺天盖地,所过之处,庄稼为之一空,但百姓不敢扑杀,却是设祭,向蝗神叩头乞求。不少官员也不主张扑杀。

姚崇主张扑杀,他上奏道:诗经说,"秉彼蟊贼,付畀炎火",汉光武帝也积极去除螟蜮。蝗虫怕人,容易驱除,夜间设火,边焚边埋,蝗虫可尽。李隆基开始还说蝗虫是德政不修引起的,不主张扑杀。但姚崇说服了李隆基,同意扑杀。

李隆基分御史为捕蝗使,专门捕杀蝗虫。

汴州刺史倪若水不执行命令,拒绝捕蝗,上奏说,除天灾当以德,过去有个叫刘聪的除蝗虫,越除越厉害。

刘聪是十六国时汉国国君。姚崇对倪若水的糊涂很吃惊,写信给倪若水说,刘聪是伪主,德不胜妖。古时州郡有好太守,蝗虫即不入境,要是修德可以免除蝗灾,那么蝗灾的出现,就是无德所造成的了。现在坐看蝗虫吃食庄稼,怎能忍心不救?要是由此而造成饥荒,将何以自安?幸勿迟疑犹豫,否则是要后悔的。

话很严厉，倪若水只得扑杀，得蝗虫十四万石。

朝中又起了大议论。另一黄门监，也就是宰相卢怀慎也反对捕杀蝗虫，他对说："蝗虫是天灾，怎可用人力来制服呢？外面的议论，都认为捕杀蝗虫不对。而且杀虫太多，有伤和气。现在停止，还来得及，请公考虑。"

姚崇道："过去楚王吞食蛭而大病痊愈，叔敖断蛇而有福降临。现今蝗虫可以去除，如果放纵，庄稼被吃光。百姓怎么办？若是救人杀虫，因而得祸，我愿独自承受，与你无关。"

李隆基此时也犹豫起来。

姚崇又奏道："庸儒们死抠书本，不知变通之道。凡事有时要违反经典而顺乎潮流，有时要违反潮流而合权宜之计。魏国的时候，山东有小蝗虫灾不去除，后来成大灾，人相食。今蝗虫孳生之处，遍地皆是，且河南、河北家家没有隔夜的粮食，倘农田不收成，则人民就要流移，事关国家安危，不可拘守成规。即使除之不尽，也比养了成灾好。"

李隆基这才又坚定起来，让继续灭蝗。

姚崇竭力辅助，使连续两年的蝗灾没有造成大的损害。今天看来想也不要想的事，古代竟要极大的周旋和坚持。

6

李隆基大事小情都依靠姚崇。宋璟此时为广州都督，灭蝗很繁重，姚崇病了。恰好卢怀慎病逝，李隆基以源乾曜为宰相。源乾曜不熟悉工作，凡奏事，李隆基都问，你咨询过姚崇吗？源乾曜奏得好，李隆基就高兴地说，这一定是和姚崇商量过。不好，就说，为何没有和姚崇商量？

姚崇居住的地方偏僻，李隆基要他搬到四方馆。四方馆很大，很豪华，是隋炀帝时建的，用来接待东西南北四方的少数民族。姚崇说四方馆太豪华，不敢住。李隆基派人捎口信说，恨不得把你接到宫内住。

可见对姚崇的高度依赖。

姚崇再一次复杂起来。

魏知古很得李隆基赏识，此人品性方正，原是姚崇所引荐，后来与姚崇并列相位,姚崇有嫉妒,先排挤他为紫微令,后又为东都吏部尚书。魏知古很愤懑。姚崇有两个儿子在东都做官,知道魏知古是自己父亲提拔过的,就走魏知古的后门,谋取私利。魏知古到长安时,将他们的所作所为,都报告给了李隆基。

一天,李隆基与姚崇闲谈,顺便问:"爱卿的儿子才能与品德如何?现在为何官?"

年近七十的姚崇仍很机敏,一下子就猜透玄宗话中有话,就采取主动,答道:"臣有三个儿子,两个在东都,为人贪欲又不谨慎,必定会走魏知古的门路,不过臣还没有来得及问他们。"

李隆基原以为姚崇定要为儿子隐瞒,但姚崇没有隐瞒,就很高兴,又问姚崇,他是怎么知道的。

姚崇说:"魏知古社会地位很低时,臣保护过他,后来还提拔过他;臣的儿子很蠢,以为魏知古必定因为感激臣而容忍他们为非作歹,故而去走他的门路。"

李隆基听了,以为姚崇为人高尚,而魏知古低俗,就要罢他的官。

姚崇又请求:"臣的儿子胡闹,犯了法,陛下赦免他们的罪已是很万幸了,若是因此事而罢魏知古的官,天下必定以为陛下出于对臣的私人感情而这样做,这就会连累到陛下的声誉。"

魏知古还是左迁为工部尚书,不久死去。宋璟听说后,很感慨。但姚崇和宋璟不错。姚崇被罢相后,推荐了宋璟。

罢相是因为一个人。这人叫赵诲,是紫微史,和姚崇是朋友。但受了夷人的贿赂,论罪当死。姚崇却想营救,引起李隆基不悦。恰好京师大赦,李隆基特意把这个人排除在赦免之外。姚崇发觉,李隆基的目的已不在赵诲,而是在他。于是就请求辞去宰相职务,

三年时间不长,但奠定了好的基础。

7

717 年正月,李隆基到东都洛阳去,并不完全是为了巡幸,而是因关中收成不好,粮运要增加,皇帝到了东都,就可以减轻这方面的负担。

正在此时,太庙的房屋倒塌,这又是一件了不得的大事。李隆基立

即召见宋璟和另一个宰相,问他们这是怎么回事。他们解释说,太上皇死还不到一年,三年的丧服未满,不应该行幸;大凡灾异的发生,皆为上天的告诫,陛下应当遵守礼制,以答复上天,不要去东都了吧!

李隆基听后,很不以为然,又令人把姚崇找来,问道:

“朕临近出发,太庙无故崩塌,这是不是神灵告诫不要去东都呢?”

“臣闻太庙殿本是前秦苻坚时建造,隋文帝创建新都,将北周宇文氏殿移到这里,建造此庙,唐朝又利用了隋朝的旧殿,积年累月,朽蠹难支,故而倒塌。高山含有朽土,尚且不免于崩塌,年久朽木,自应摧折。这次太庙倒塌恰好与陛下东幸的行期偶合,不是因为陛下要出行而太庙倒塌。而且皇帝以四海为家,东西两京,相距不远,关中收成不好,增加粮运,人民劳苦,故陛下出于对人民的爱护而行幸,并非无事笼络人民。何况东都各部门已都做好准备,不去将失信于天下。请将神主移到太极殿,重新建造太庙。”姚崇道。

李隆基听了,很高兴,说:“你说的正合朕意。”赐绢二百匹。

皇上和曾经的宰相再一次意见一致,也说明姚崇将实事求是贯彻始终。

姚崇也在乎别人的评价。还在相位时,这天天气好,晴朗,白云如苍狗。他在写字,问僚属:“我作为一个宰相,可比得上历史上的什么人?”

僚属还未答。姚崇自道:“比得上管仲与乐毅?”

僚属沉吟有顷,说:“管、乐之政,虽不能施行到后世,还可保到他们自己死的时候;你的政令,随时更改,似乎比不上他们。”

姚崇还不放松,又追问:“如此说来,究竟可以与谁相比呢?”

僚属道:“你可以算得上是个救时宰相。”

姚崇并不觉得是贬低了他,而是哈哈一笑,将毛笔投下道:

“救时之相,岂是容易得到吗?”

开元八年(720),李隆基授姚崇太子太保。姚崇以有病为由,没有接受。

翌年病逝。赠扬州大都督。

姚崇的死有传说。还是说他死前和张说较劲。张说文章好,他想让张说写碑文,又怕张说报复,就告诫儿子们说:“张说与我嫌隙很深。

我死之后，出于礼节，他必来吊丧，你们可将我平生所服用的珍宝器皿陈列出来，他最喜爱这类东西，如他看也不看，那你们就要做好准备，灭族之灾就将来临了；如他看这些东西，那就表示没事了，你们就将这些东西送给他，并请他为我撰写神道碑。得到他所撰碑文后，立即誊写，报呈皇上，并准备好石头，立即刊刻。他比我要迟钝，数日之后，定要反悔；他如派人来索取碑文，就说已报请皇上批准，并将刊刻好了的碑拿给他看。”

姚崇死后，张说前往吊丧，见到所陈服玩，看了又看。姚崇诸子如姚崇所嘱办理，得到了他所撰写的碑文，并使他索回碑文的计谋落空。

张说气愤至极，说："死姚崇犹能算计生张说。"

当然这只是个传说，未必可以当真。

可当真的是他的遗嘱，除了前面说的佛事以外，他还说人总是要死的，他之死乃自然的归宿。其次，他将田园事先分好，子侄们各得一分。为什么要这么做呢？他怕子侄们争家产。再者，要求薄葬，他说厚葬非但无益，甚至是会招祸，"死者无知，自同粪土，何烦厚葬，使伤素业"。

史料说他长于吏道，武则天之后，"纲纪大坏"，先天末，有宰相十七人，台省更不计其数。"崇常先有司罢冗职，修制度，择百官各当其才"，由此开开元之治新风。

姚崇的重要阶段，当在后期，在李隆基时代。李隆基开明，成就了他。时代的航船在经历了大风浪后，也需要平稳，需要姚崇这样干练沉稳的辅臣。

寇 准

（北宋 961—1023）

臭脾气，有硬度，宋太宗把他比作魏征。可也得罪不少人，只要对朝局有利的事，他就要说，还得理不让人。力主对契丹强硬，督促宋真宗亲临檀渊，鼓舞士气。两次罢相，四度被贬出京城。最终客死雷州。

寇准 臭脾气有硬度宋太宗把他比为魏征 两次罢相四度被贬出京城最后客死雷州

麟康畫於上海

1

一介布衣，三十来岁就做了副宰相，无论如何是值得惊奇的。可四度罢相，数量也不小。脾气不好是一，主要是不善处置周边人事关系，容易冲动，也可说是某种“不成熟”，让宋真宗纠结，小人中伤。但无论如何，寇准是位名臣。他磊落、果敢，檀渊之盟，是他力主让宋真宗到抗敌最前线，取得胜利。没有他，当时宋就可能分为南北了。也就是说他不需要成熟，他要成熟，国家大事就完了。

后来的范仲淹和王安石，对寇准大加赞扬。就性格上说，他们是相近的。

寇准是华州下邽人，就是今天陕西渭南人。他父亲寇相厉害，是状元，但生不逢时，名字上有个相字，却和相不沾边。只在后晋的魏王府管过文书。

说来奇怪。二十岁的年轻寇准到归州巴东（今湖北巴东）做知县。求见知州，知州姓唐，夜里做了一个梦，见到了一个宰相。唐知州一见寇准，就看寇准像梦见的宰相，断定此人以后必定要为宰相，于是满脸堆欢，热情款待，让儿子出来相见，还送给寇准精致的马具。

寇准后又到大名府成安县为知县，在两县收税，根本不用催。百姓有服役的，只要将姓名写在县衙大门上，百姓就去服役，“莫敢后期”。

只能归结为寇准作风果敢，雷厉风行，说一不二。

寇准有不少时间写诗，还结成集子，叫《巴东集》。

后来就火箭式上升，十年时间完成到副宰相的路程。原因是宋太宗赵光义欣赏。

寇准没有强力的人事关系，但没有也好。朝廷内部太多的派系，皇帝很怕这个。提升他，就是他只忠于皇帝一人。其次是寇准有本事，凡事有自己的见解，不人云亦云。就是皇帝老子有错，他也照讲不误。很难得。

寇准准确地体现自己的性格，有天奏事，他的意见和赵光义不一样，赵光义发怒，准备起身回宫，他就拉住赵光义的龙袍角不放，请赵光义再坐下，处置好再退朝。

赵光义不怒反笑，还没有见过如此执著、胆大的臣子。赵光义嘉奖他："朕得寇准，像文皇得魏征一样。"

这个比喻不错，寇准如魏征一样耿直敢言，自己能用他，也成了李世民。感觉很好。

纯化二年(991)春，老天大旱。赵光义召集百官问自己的得失。

寇准直言不讳，他说：老天之所以大旱，是因刑法不公。寇准是不是真的相信天人感应说，不知道，但这是进言的好机会。

赵光义听了不高兴。回到后宫，想想，还是诏来寇准问原因。寇准说把尚书省和枢密院的大臣招来我就说。两府的大臣来后，寇准上奏："不久前，祖吉、王淮都因贿赂犯罪。祖吉的数量少，但被判死刑。王淮贪污国家财产上千万，但哥哥王沔是参知政事，只是杖刑，后来还恢复了官职。"

赵光义就问王沔有这么回事？王沔声音很低说，有。赵光义严厉惩罚了王沔。拜寇准为左谏议大夫，然后一路往上，枢密副使，改同知枢密院事。

其实同事中知道王沔这个事的很多，大家都不说，顾全王沔的面子是一。自己有臭事也好遮盖。这么大的事，赵光义也未必不知道。但既然寇准揭出来，就得处置。

寇准得罪了人。

寇准有精神向度，但凡事较真。

2

枢密院使张逊,是个武官,寇准看不上他。常因奏事不和,在赵光义面前争执。

一日,下朝晚。日头已在汴河里撒下一片红光。

寇准和温仲舒并辔同行,温仲舒是副枢密使。忽然有狂民自街道上冲过来,迎着码头跪下,大呼“万岁”。

这还得了,寇准的脸一下子白了,但马上红了起来。知道是有人要陷害自己和温仲舒。他着急地问温仲舒:“这是怎么回事?”温仲舒却没有说话。

翌日,判左金吾王宾上本说有百姓迎寇准口呼万岁,赵光义恼怒。问是怎么回事。张逊指责寇准:“你和那个人到底是何关系?”寇准越想越不是味,王宾和张逊是旧相识,张逊还举荐过他。定是受张逊指使。可温仲舒和我同行,怎么就是对着我一个口呼万岁?寇准言辞激烈,面红耳赤。他要温仲舒出来证明。温仲舒又是不说话。他说张逊陷害他。

此事要平心静气处理并不难。但赵光义生气了。生气了的赵光义将张逊和寇准各打五十大板:张逊降为右领军卫将军。寇准被罢职为青州知州。

寇准太年轻,不知道里面的复杂。张逊和王宾都是赵光义的老人,赵光义要偏向他们。温仲舒是滑头,他不好说话,说真话就得罪了上司张逊和赵光义。得罪寇准不怕,寇准没有关系网。

或许赵光义也想磨炼一下这个毛头小伙。

青州在今天山东中部。寇准到青州,开始闷闷不乐,但很快想开了,照样作诗喝酒。汴京的赵光义却在思念寇准,问身边的人:“寇准在青州乐乎?”左右说:“寇准得一美差,应当不苦。”

隔两天,赵光义又问,身边的人知道皇上是想用寇准,就说:“皇上你整天思念寇准,可听说寇准每天放纵喝酒,未必就思念皇上。”

这话够恶毒,他们不愿意寇准再回来,这人太锋芒,又不给大家好处。但赵光义大方向上把握得准。十个月后，就将寇准诏回，为参知政事。内外都有大事，需要决断，少了寇准不行。

有个细节，是寇准回来后见到赵光义时的。

立皇储是个敏感话题，有个叫冯拯的，上书言立皇储，让赵光义贬到岭南。

赵光义的脚伤得很厉害，撩起来让寇准看，并问："你怎么才来啊？"寇准回说："没有皇上的诏见，臣不敢回京城。"

赵光义又问："朕哪个儿子可以继承皇位？"这是对寇准的极大信任。

寇准说："陛下替国家选择储君，与妇人、宦官商量，是不可以的；与亲信大臣商量，也不适宜，希望陛下选择所能符合天下意愿的。"

赵光义低头想了一会儿，屏退左右，说："襄王可以吗？"

寇准道："知子莫若父，皇上考虑后认为他可以，望马上定下来。"

赵光义就让襄王任开封尹，改封为寿王。立为皇太子。就是后来的真宗。

太子朝见太宗后回去，京城的人拥道欢呼雀跃说："真是年轻的天子呵。"

赵光义小心眼，听说这事后不高兴，召见寇准说："人心很快归属太子，想把朕放在何处？"

寇准再次拜贺后说："这是国家的福气呵。"

赵光义高兴起来，入宫告诉后宫嫔妃，宫中的人都来祝贺。赵光义再出宫，延请寇准喝酒，喝得很醉才散。

寇准的脾气还是一点没改，这让赵光义有点担心。他要寇准改改脾气，不然朝廷这个地方不好呆，寇准答应了，但还是依然故我。改了就不是寇准了。

温仲舒为秦州知州，将原来住在渭水南的羌人，统统赶到渭水北，用栅栏和土堡隔离起来。赵光义不高兴，这不是办法。对寇准说："古时就有羌戎杂居伊、洛的，这些人喜欢活动，一旦有事，围困关中，就很难办。"

寇准道："唐时的宰相宋璟不赏有边功的，故而有开元太平。边疆的臣将邀功而造成大祸，当深以为戒。"

这符合赵光义的思路。内部要稳定，方能发展。于是让寇准出使渭北，安抚吐蕃人。又将温仲舒调至凤翔。

3

宰相吕端平时不大好说话，但关键时刻不糊涂。他看赵光义看好寇准，就提出相印由正副宰相轮流负责，意思是正副宰相一样。赵光义答应了。

但不久寇准又一次栽跟头。还是脾性不好。

996年，赵光义在南郊春祭后大赦，还要百官升迁。往年都是不分好坏，都有份。但寇准要区别对待。《宋史·寇准传》说他："素所喜者多得台省清要官，所恶不及知者退序进之。"平素所喜欢的人大多得任御史台三省清闲要职，他所讨厌的不相知的人降低一档升职。是不是这样很难说。

反正惹恼了一个人，这人是冯拯，广州通判。据说寇准不喜欢他。本来他的名字在另一个通判彭惟节的前面，现在在彭惟节的后面。冯拯奏告寇准专权。广州转运使康戬也告寇准引荐的吕端、张洎、李昌令三位重臣。说吕端对寇准有恩，参知政事张洎曲意奉承他，李昌令遇事不敢和寇准抗争。寇准就凭自己的意志，扰乱法纪。

寇准当时不在身边。赵光义就问吕端是怎么回事。吕端说：这是寇准的主意，寇准性刚，我们不想多争，怕有失国体。

寇准回来后，说这是大家都同意了的。赵光义说："倘若再朝廷争论，有失国体。"但寇准不依不饶。又拿着中书省的官员名册在皇帝面前论是非对错。

赵光义更不高兴，叹息说："鼠雀尚且懂人意，何况人呢？"

寇准被罢相，出任邓州知州。邓州治所在今河南省邓州。是豫西。后来范仲淹也被贬在此地。

997年，赵光义病逝，三十一岁的太子赵恒登上皇位。

吕端是办大事的，怕人捣鬼。第一次登殿后，面前有个帘子。吕端说，把帘子卷起来，让我等看清楚再拜。无误后才率百官山呼万岁。

寇准在邓州依然大手大脚生活，这是个不藏着掖着的人，一点也不简朴。他研究蜡烛,成为天下第一。别人厕所都是油灯,他点蜡烛,通亮。来了客人,他让人解下车上的马,闩了门,和人猛喝酒。

不久寇准为工部侍郎,又回到汴京。后又在同州、凤翔等几个地方。1003 年,到兵部任三司使。这是个权大难缠的部门,管理盐铁、度支、户部。寇准不懂财物,就请教前任,凡事弄得很有条理。

赵恒需要寇准。但又怕寇准老毛病,就配了个毕士安。寇准为宰相,但以集贤殿大学士身份,在毕士安之下。毕士安是老臣,稳重。毕士安曾向赵恒推荐寇准,说寇准善断大事,是宰相之才。赵恒说,听说这人刚性,好由着性子来。毕士安道:此人方正慷慨有大节,忘身殉国。主持道义蔑视邪道,朝臣中无出其右者,流俗之人从看不惯。

寇准遇到不少好宰相,吕端、毕士安,还有以后的王旦。

4

此时西北边疆紧张起来。契丹人入侵。契丹人占着幽云十六州,对一马平川的汴京是极大的威胁。赵光义曾进攻过两次,都失败了。就此,宋人开始消极防御。契丹人开始只是小股骑兵骚扰,稍有不利,就退回去。寇准说,“这是敌人要使我们习以为常而放松戒备。当训练军队,选拔将领,防止敌人有大行动。”

到了冬天,果然萧太后率二十万大军大举入侵。边疆告急的文书一天来了五次,但寇准不急,反而神情自若地喝酒。翌日,有人对赵恒说了,赵恒大为惊骇,问寇准怎么回事。寇准笑道:“陛下想了结此事,不会超过五天。”

不久,契丹军侵犯到魏州,今河北大名的东北。

寇准的办法是:请陛下要亲征。赵恒脸色不大自然,也不说话。

寇准也真够大胆。这个意见带有很大的冒险性,皇上亲征可不是小事,倘若失败怎么办?“同列惧,欲退,准止之”,没有说同列大臣是谁,但害怕,想退出。寇准不许。等皇上起驾再离开。赵恒不愿冒这个大风险,想回内宫。

寇准急道:“陛下回宫,臣就见不到了。大事也完了。还是等定下来再说。”于是赵恒问群臣方略。

参知政事王钦若是个小人，他是临江军新喻人，就是今天江西新余。主张迁都金陵。说金陵龙盘虎踞，有天子之气。

枢密副使陈尧叟是蜀人，说成都好，有天然屏障。安史之乱，唐明皇就是去了成都。

两人的真实目的，就是逃走。

当然两人都是背地对赵恒说的。寇准表面装作好像不知道，说："哪个替陛下出这种计策的，其罪可处死。现今陛下神武，将领大臣团结协作，倘若陛下大驾亲征，敌寇自然会逃去。这样，我等出奇兵打乱敌人的战略部置，用坚守消磨敌人的士气，敌疲我逸之势，我们预计可得胜利。怎么要放弃汴京跑到遥远的楚、蜀之地去，所在之处军心离散，敌寇乘机长驱直入，国家还能保存吗？"

寇准有谋略，并不是头脑一热，就主张皇上亲征。

关键时刻，毕士安支持寇准。说，不能迁都，陛下唯有亲征，方是上策。

一向稳重的毕士安都说要亲征，赵恒的天平砝码倒向了主战派。

契丹军发动对瀛洲（今河北河间）攻击，虽伤亡很重，但宋军守住了。对赵恒信心是个支持。

澶州在今河南濮阳，分南城和北城。中间有黄河。赵恒到了南城，不愿过河到北城。寇准很坚决地说："陛下不到北城，人心会恐慌。敌人不可怕。我军王超率劲兵守在中山的咽喉之地，李继隆、石保吉分别有大军在两翼，四方天天还有援军到来，为何不前进？"

其他大臣也怕前进。毕士安因病没有来。寇准失去了支持。

寇准出来遇见高琼，眼前一亮。高琼不识字，但人忠直。他问："太尉你受国家恩典，以何来报答？"

"我是武人，愿以死效力。"

寇准又进去，对赵恒说："陛下不认为臣的话对，可以问高琼等人。"高琼立时奏道："寇准说得对。"

寇准又说："机不可失。"

赵恒这才动身到北城，将士见到天子的黄龙旗，大为振奋，欢呼声传到几十里外契丹人的阵营。

契丹军人听了胆战心惊，连阵式都摆不好。

赵恒把军事上的事都交给寇准，寇准也敢担当。戏曲上《杨家将》中的寇天官形象大致不错，和杨家站在一起主战。

寇准部署得当，号令明确，将士们都很喜欢。契丹军来攻，被杀死大半，契丹人退走。一向勇猛的契丹军，在寇准面前很窝囊。赵恒派人悄悄看寇准在城头上做什么。原来他在和杨亿喝酒，喝到高兴处，两人大呼小叫，还唱歌开玩笑什么的。杨亿是翰林，文学家，喜欢写辞藻华美的"西昆体"诗。两人交情不错，他支持寇准。

赵恒一颗心落在肚里："寇准如此，我还怕什么？"

契丹军再来时，大将萧达览被宋军弩机射死，契丹军更是丧气。秘密派人来请求结盟，寇准不准。寇准有大想法，他想让契丹人称臣，并且献出幽州（今北京），但赵桓讨厌打仗，他要结盟。

宋比唐气派小，就是因皇帝格局不大，心胸有问题。中国皇帝越往后越不行。

有人在此关口给寇准下烂药，说寇准想要领兵自重。没办法，寇准只得同意结盟，进行谈判。

契丹人要钱，要帛。《宋史·寇准传》：帝遣曹利用如军中议岁币，曰："百万以下皆可许也。"准召利用至幄，语曰："虽有敕，汝所许毋过三十万，过三十万，吾斩汝矣。"利用至军，果以三十万成约而还。

曹利用现在还是小人物，寇准给他死任务，超过三十万就杀头。比赵恒答应的一百万少了七十万。结果还不错，三十万。

据说谈判后，赵恒急着让宦官打听多少钱，曹利用不说，问得急了，曹利用伸出三个指头，赵恒听说后，以为是三百万，后来知道是三十万，大松一口气。

没有寇准，就不会有澶渊之盟。就不会结束数十年的征战，换不回后来数十年的和平。

5

赵恒如果一直相信寇准，他的事业会更好，但不是这样。

澶渊之盟后，寇准感觉很好。还是老样子，用人不按资排辈，要挑拣能干的在前。他说，宰相就是要任用贤能，如果还是按原来的办法，就没有尽到职责。

澶渊之盟也引起王钦若的嫉恨，王钦若是小人，好记仇，尤其不能忘了寇准说主张迁都的要杀头的话。

一天，寇准先退朝。王钦若在后面。王钦若状貌短小，颈有疣，时人称为瘿相。

赵恒目送寇准退朝，王钦若对赵恒说："皇上敬重寇准，是因他对国家有功吗？"

赵恒点头说是。

"澶渊这一仗，皇上不感到耻辱，还觉得他有功，为何？"

赵恒一愣，"为何说是耻辱？"

"在自己城下与敌人结盟，《春秋》上也说是耻辱。澶渊之盟就是城下之盟。皇上以万乘之尊和敌结城下之盟，这不是耻辱是什么？"

王钦若毒汁四溅，我相信他这种毒计是花了不少个不眠之夜炼制出来的。

赵恒听了，脸拉长下来。

王钦若又阴险地道："皇上听说过赌博吗？赌徒快要输完的时候，会拿出所有的钱来孤注一掷。皇上就是寇准的赌注。这也太危险了！"

赵恒的脸更不好看了。赵恒如果有大局观念，他会不计较个人得失，会不听小人之言。但赵恒这样的人，要让他不喜欢小人，那是不行的。澶州之胜后，他高兴，但高兴之余，又有些酸酸的，寇准和自己比，也太能耐了。

在此之前，还有一件莫名其妙的大事，也是针对寇准的。一个叫申宗古的平民，到登文院击鼓，状告寇准和安王元杰交通。这还得了？赵元杰是赵恒的弟弟，能诗，有藏书二万卷。大臣私下和皇族来往，这是要大逆不道啊。但安王一年多前死了。死无对证。

一个平民，如何知道高层之间的秘密？显然是背后有人教唆。但幕后黑手是谁？寇准没有办法处置。因为涉及自己。

又是毕士安站了出来，说交给我来审理。毕士安把申宗古杀了。他是老手，知道黑手力量的强大，也不可能扳倒。据后来人们估计，有可能就是王钦若。

不久，毕士安病逝，寇准少了保护人。王钦若就赤膊上阵了。

6

王钦若不是个简单的人。凡小人都不简单。

在主战还是主和上，他站错了队，马上纠正。主动请求到前线大名府坐镇，大名府保住，他立了功。他曾奏免不少百姓的欠款。这是一箭双雕，百姓喜欢，说他是清官。赵恒喜欢，可以笼络人心。

这样的人在赵恒心中自然是大大的忠臣。

翌年，赵恒就把寇准降为刑部尚书，陕州知州。用王旦做宰相，王旦也是老臣，有很高的道德修养。赵恒还对王旦说："寇准在任多次许诺人官职，看作是对别人的恩惠，你当深以为戒。"

可见寇准在他心中的地位大大降低。

寇准在陕州很失落。陕州在今河南三门峡陕县。他是大手笔，才四十七岁，正是在中央大干之时。在这个小地方很委屈。每天看着黄河水滔滔流下。

一天，老朋友张咏来看他。张咏比他大十几岁，山东汉子，慷慨有节。起先，张咏在成都，听说寇准当宰相，对自己的僚属说："寇公是奇才，可惜学问与权术不够。"

张咏从成都归来，寇准供给帐幕，热情款待，喝酒。张咏将要离去，寇准送他到郊外，问他："张公有什么教寇准的？"张咏缓缓地说："《霍光传》不可不读呵。"寇准没明白他的意思，回来取书翻到该传，读到"不学无术"时，寇准笑着说："张公这是说我呵。"

其实这是老看法，霍光学问可能差些，但权术绝对不少。不然不会身居高位很多年，国家治理得井井有条。寇准的学问不知道，权术要差些。他不喜欢权术。他喜欢当面鼓，对面锣。

王钦若要讨赵恒欢心，撺掇赵恒封禅泰山。这是件很风光的事，只有雄主才可以封禅。如今赵恒去封了禅，不就成了雄主？

赵恒心痒。问王旦如何？王旦没有说话。后来赵恒竟送了王旦一壶珍珠，王旦没有办法，只好答应。

景德五年(1008)正月初三,赵恒把大臣叫来,说一个多月前梦见神仙,说要有天书降临。后来立马就有人报告说有天书降临。二丈多长的黄绸子,上面有不少字。赵恒将年号改为祥符元年。

这是伪造的祥瑞。好了,可以去封禅了。

封禅时,赵恒也带了寇准去。寇准本来是不相信所谓天书的,但这次他学乖了。没有说话。

后为户部尚书,知天雄军。就是河北大名府。

王旦有病了,病得还不轻。御医都没有办法。抬到宫中,赵恒问他谁可以继任。他说,皇上自己看。赵恒说张咏如何?王旦不说话。赵恒又说马亮。王旦还是不语。马亮是工部尚书,张咏是礼部尚书。

赵恒就让王旦说,王旦站起身来,说:“以臣之愚,还是寇准。”赵恒有些惊讶,停了一会儿,说:“这人刚愎,不听话。还是想想别人吧。”

王旦说:“臣身体支持不住,得退下了。”意思是非寇准莫属。

两人性格差别大,但王旦看好寇准的刚性。赵恒周围尽是小人,王钦若与丁谓、林特、陈彭年、刘承珪交结,时人谓之五鬼。不让赵恒做正经事,不是闹封禅,就是建不少的庙宇。大把花钱,国库几乎空虚。

7

史料上说,王旦和寇准并不一致。王旦度量大,喜欢思索,不喜张扬。《宋史·王旦传》说寇准总在赵恒面前说王旦的短处,王旦反而在赵恒面前说寇准的长处。赵恒说,你总称赞寇准,寇准却总说你的过失。

王旦笑道:“臣任相国日久,过失一定不少。寇准说臣,可见忠直。这也是臣看重寇准的原因。”

寇准好较真,为枢密院直学士时,王旦在中书有事送枢密院,偶尔不合诏令格式,寇准便上奏,王旦因而受到责问,但是王旦并不介意,只是再拜谢过而已。不到一个月,枢密院有事送中书,也不合诏令格式,堂吏发现很高兴地呈给王旦,认为这下逮到机会了,可是王旦却命送回枢密院更正,并不上奏。

王旦后来又活了四年。有可能病重是装的,想推荐寇准。

在王旦的大力推荐下,赵恒又让寇准做了枢密使。寇准来感谢赵恒,“臣若不是承蒙陛下知遇提拔,哪有今日?”赵恒说是王旦一再推荐的。寇准很惊讶,说自己不如王旦。

赵恒到亳州巡幸,让寇准以同平章事代理留守东京。看寇准还是不是刚愎。寇准补上来也因王钦若得罪了赵恒,不通过皇上直接提拔人员。赵恒生了气,心腹也不行,出判杭州。

可见赵恒在权力上抓得牢。

寇准这一年五十岁,却只在这个位置上干了10个月。

赵恒对寇准依然信不过,要曹利用和王嗣宗给寇准做副手。王嗣宗脾气大,年龄超过寇准。曹利用和寇准有过节,寇准曾说谈判超过三十万就杀他。

五鬼当中,有两个特别烦寇准。一个是丁谓,一个是林特。

丁谓是参知政事,据说是个天才式人物,几千字的文章,过目成诵。天象占卜、书画棋琴、诗词音律,无不通晓。寇准和丁谓是朋友,寇准很欣赏丁谓。有说丁谓一脸猴相,我想可能是糟蹋奸人。奸人不一定长相就不好。

早先的一天,寇准与另一宰相李沆议事,丁谓来拜,谈了一会儿,丁谓离开。李沆叮嘱,像丁谓这人,万万不可使得势。但寇准不以为然。

张咏病终前曾上疏:“造宫观,耗尽民间钱财,伤生民之命,此皆贼臣丁谓诳惑陛下。请斩丁谓之头悬于国门,以谢天下,然后斩我之头,以谢丁谓。”赵恒不理。

寇准得罪丁谓是因很小一件事。

一次宴会,寇准不注意,一点汤汁流到胡须上了。丁谓忙上前给他抚去。

寇准笑着说,政事乃国之重臣,其可为上司拂须?丁谓的脸顿时拂红。

人的心理很怪,大概寇准总是居高临下,丁谓觉得受压抑,这下好了。就不断给寇准上烂药。

林特也是个精明人,为三司使。河北每年输绢减少,林特很急。寇准讨厌这个人,上奏说河北往年进绢五万匹而三司不收,致使国库空虚,他还奏请朝廷惩治三司使长官及其以下属吏。

京师每年需绢达百万匹以上，寇准所说的五万匹实难满足所需，引起赵恒不满。他对王旦说："寇准几次降官，朕以为他会改，谁知他竟还是愤怒如初。"

王旦也说："寇准喜好别人感恩，又喜欢人畏服，这是大臣所应避忌的；而寇准却以为是，这正是他的短处。"

不过王旦还是说寇准"对陛下无私见"，但赵恒还是贬寇准为武胜军节度使，同平章事。后又为知河南府，兼西京留守司事。

8

天禧元年，即1017年，永兴军（治所今陕西西安）的巡检朱能，在终南山发现了天书。主使人是大宦官周怀政。皇上能造天书，臣下也能造。是邀宠的好办法。

寇准此时为山南东道节度使，正是自己的管辖范围，将天书的事报上去。后来有人说寇准为了再入相，一改初衷，最不相信天书的他，竟变节了。《宋史·寇准传》中说是王旦的主意，王旦对赵恒说："最不信天书的人是寇准，让他进献天书。"王旦还是想让寇准再为相。

这是个好办法，检验他的忠贞度。赵恒想。

寇准开始不愿意。但其女婿和周怀政是朋友，劝他进献。天书上有"庆及元嗣"的话，就是说皇太子的地位不可动摇。寇准进献了天书，赵恒又让寇准为相。已经是第四次。每次都不长。

这次的斗争白热化。

这一年王旦去世。

赵恒对刘皇后有些不放心。赵恒中风后，身体很差，担心以后皇太子的事。刘太后很强势，太子不到十岁。他怕刘太后像武则天。要寇准回朝，也有主大事的想法。

丁谓和李迪都是副宰相。不久，赵恒又让丁谓离开了副宰相，做了枢密使，寇准高兴。

天禧四年二月，赵恒身体再次不豫。一天，赵恒神志清楚时，召寇准密谈，寇准建议，把帝位给太子，自己来辅佐。不能用丁谓和钱惟演这些小人来辅佐，可以用翰林杨亿。

赵恒答应了。

寇准要杨亿起草圣谕。但不知怎么消息泄露,有人把消息传给丁谓,丁谓立即说给刘皇后。第二天,寇准就被罢相。为太子太傅。你不是关心太子嘛,要你做太子的保护人。

丁谓当了宰相。

寇准就没有好日子过了。

寇准心里有气,要求单独见赵恒。对赵恒说了一些气话,甚至说李迪和曹利用的不是。这就是寇准的意气用事。六十岁的人了,还欠稳重。

丁谓要贬寇准到地方,赵恒没有答应。但第二天,就出了大事。

周怀政谋反。周怀政和刘皇后搞不来,他和朱能等要废皇后,杀丁谓,皇帝退位给太子。败露后,周怀政被杀。

刘皇后掌了权,这是个铁腕人物。立即把寇准降为河北知州。

寇准接到圣谕时,已是相州(今河南安阳)知州。十八天后,又为道州司马。道州在湖南南部。这是丁谓在弄鬼。

寇准在路上奔波。在翻零陵的山时,被抢劫了,是当地的酋长。一看是寇准,又把东西还给了他。寇准很感动,他有群众。在道州日子尚可,读书、喝酒、写诗。

据说一年多后,赵恒还关心寇准,问左右:我目中久不见寇准,为何?没有人回答他。

这一年,赵恒去世,太子即位为仁宗。

丁谓又将寇准贬到雷州。雷州就是今天广东的雷州半岛,和海南岛隔海相望。极为荒凉,特点是雷特别凶。1969 年夏,一个班战士正在“天天读”,一个炸雷落在屋内,全班战士殉职。原因是搭毛巾的铁丝导电。后来急令半岛和周边地区营房内的铁丝全换成尼龙绳。这是我的亲身经历。

不久,丁谓也倒霉了,得罪了刘太后,被贬到崖州,即海南岛。

路过雷州,寇准听说后,令人送去一个蒸羊,可见寇准的磊落心胸。他不和丁谓计较。丁谓想见他,他没有见。他的仆人想要去杀掉丁谓,他把仆人们关起来在家赌钱,不让出去。

1028 年五月,寇准派人回老家取回了赵光义赏赐的腰带,是犀牛皮做的。只有两根,赵光义一根,他一根。他焚了香,在床上安稳睡下,就永远睡着了。

灵柩运回洛阳,经过湖北公安时,沿途百姓自发在道边摆下香案,竹子上挂着纸幡,哭着相送。灵车走后,百姓将竹子插在路旁,第二年竹子竟都活了,青绿一片。百姓称奇,把这叫做相公竹,还建了祠堂。

公道自在人心。这句话不假。

文天祥

（南宋 1236—1283）

状元，风骨凛然。贾似道当权，文天祥被免职回乡。蒙古军入侵，文天祥起而勤王。后为右丞相，出使蒙古军营被俘后逃走，继续抗元。再度被俘遭囚禁数年，坚贞不屈被杀。一首狱中的《正气歌》，至今传唱不绝。

文天祥

文天祥

賈似道当权被免职回乡蒙古軍入侵文天祥起而勤王
后为右丞相出使蒙古营被俘后逃走继復抗元两度
被俘東道囚禁数年坚贞不屈被杀

麟、康畫

南宋有两个人值得纪念，一是岳飞，二是文天祥。岳飞抗金，被朝廷冤杀；文天祥抗元，兵败被杀。文天祥和岳飞有不同，岳飞抗金，抱有很大的取胜希望。但文天祥抗元，几乎就是和巨大的风车作战，是什么促使文天祥如此？

答案只有一个：爱国。

在文天祥看来，蒙古人的国不是国，只有汉民族的大宋天下才是国。今天看来有些狭隘，但在当时的历史环境看来，是唯一的选择。也可说是民族性，只有坚持民族的独立，才能在世界民族之林有自己的地位。

文天祥已经到了非常固执的地步。蒙古军队大兵压境，宋军几乎全面瓦解，他率少有的武装抵抗，其实，已经相当孤立了。但他坚持，后失败，被俘。逃脱后，再坚持抗击，坚持惊心动魄的斗争。不知道他的信心从哪里来？再次被俘后，元人利诱，他不降；酷刑，他还不降。他愿意用鲜血践行他坚硬的思想。

身为状元的他，富有激情，骨头最硬。

当然不止他一个。他是个代表。

1

文天祥，1236 年也就是宋理宗端平三年，出生在吉州庐陵（今江西吉安），和欧阳修是老乡。青年文天祥常以庐陵有欧阳修而骄傲。殊不知他后来也成了后世的楷模。欧阳修是文化上的一代宗师,他是爱国主义的精神象征。

父亲叫文仪,是个书痴,一辈子不曾做官。见到一本好书,没有钱,就是典当衣裳也要买下。文天祥是老大,继承了父亲的执著,不仅是对书的执著。文仪还著了不少书。

为贡生前,文天祥还叫文云孙。做了贡生,就改名天祥,天下吉祥。这是个有寓意的名字。

宝祐四年(1256),文仪送两个儿子文天祥和文璧赴京师临安(今浙江杭州)参加科举考试。父子三人,经南昌至临安。样子颇有些似苏洵带两个儿子进汴京。

文天祥"体貌丰伟,美皙如玉,秀眉而长目",初榜通过,文天祥很欣喜。殿试这天,大概是感冒,头脑昏沉,但进考场,学子们一挤,出身汗,反而轻松了。考题为"法天不息",他一挥而就,洋洒万言。考官把他的卷子排在第七名,宋理宗阅卷后,拟将其排为第一。复考官王应麟又看了一遍,奏道:"是卷古谊若龟镜,忠肝如铁石,臣敢为得士贺。"

龟镜,龟用来占卜吉凶。镜能照见美丑。比喻可供人对照学习的榜样或引以为戒的教训。

王应麟是敢言的学者,不会说假话。

将密封的名字打开唱名,"一甲第一名,文天祥—"。理宗高兴,天祥,天下吉祥。好。宋理宗赵昀和其他皇帝一样,特希望他的天下吉祥。吉祥有很多,没有大灾害,没有大乱子。大乱子包括内乱和外乱。南宋是北宋灭亡后皇室在江南建立的政权。理宗是第五个皇帝,本不应该坐天下的,但权臣史弥远拥立他,他就坐了。期间的争斗激烈复杂。此时已经过去三十多年。中间他有心振作,但偏安一隅的南宋似乎是沉疴在身,很难复原。他担忧蒙古人,既狡猾又凶狠。蒙古人和南宋联合灭了金,就开始对南宋虎视眈眈。

他现在依靠丁大全、贾似道等内外打理。

在外人眼里的两个小人,赵昀却很看好。贾似道虽是小人,但手腕极高。

是年,文天祥二十一岁。中状元,让他很高兴。他原字履善,此时也改了,叫宋瑞。南宋瑞祥。但南宋注定是要灭亡的。

文璧落榜。

也就在这一年五月，文仪病逝临安。兄弟两人扶柩回乡。

2

开庆元年（1259）春正月，文天祥和文璧一起回京，文璧参加应试中进士。

五月，朝廷补授文天祥为承事郎，签书宁海军节度判官公事。文天祥北上至宁海军。九月，他又因事返京。

此时蒙古人已完成对南宋的大包围，兵分三路，杀入南宋。大汗蒙哥率中路，南下四川。南路自云南经广西，直扑长沙。北路是忽必烈，进军鄂州，今武昌。宋廷以贾似道为右相，率军抵抗。

临安危机。内侍董宋臣主张迁都到四明，也就是浙江宁波。董宋臣是宦官中的宦官，人称活阎罗。理宗对他言听计从。晚年的理宗有两个相信，一信奸臣，二信宦官。

文天祥注定是要和元军抵抗到底的，虽然是失败的抵抗，绝望的抵抗。但四十岁前由于官职低微，也因元军没有攻破南宋，他只是在积攒对元军的愤怒，积攒反抗的力量。当然也或许并不需要积攒，他本身就有这样的能量。

他听说后，就上疏求斩董宋臣。主张迁都的不止董宋臣一人，左相吴潜也主张迁都。吴潜也是状元。求斩董宋臣，就是压这股邪气。疏中，文天祥要求改革，“简文法以立事”、“仿方镇以建守”、“破资格以用人”等。

他满腔正气，言辞激烈，但也有理有据，可惜宋廷已经病入膏肓，听不进。据说根本就没有送到理宗手中。

所幸，大汗蒙哥死于四川的激烈抵抗中，忽必烈要北上争权，贾似道求和于忽必烈。小朝廷得以暂时安稳。

史料没有说这次上疏对文天祥思想的冲击。我想，一定会有冲击。标志着宋廷的黑暗、腐朽。因为翌年又授予他镇南军（南昌）签判。他上书“请辞，乞祠禄”。朝廷准其为建昌军（江西南城）仙都观主管。

仙都观是道教的宫观，二十五岁的文天祥要这个闲差，是思想有变化。他自号浮休道人。思想上掺杂了道教是一。其次是对宋廷的不满。他后来的两个儿子,一个叫道生,一个叫佛生。佛道两家他都接受。

就此,文天祥开始对朝廷进进出出。大约有五六次。以他的个性与品质,要在朝廷立住脚,万难。

景定二年十月,朝廷以他为秘书省正字。管典籍的,正九品下。他辞职,但不准。次年上任,兼景献太子府教授,讲授四书五经。理宗喜欢理学,称赞文天祥讲授得好,并赐个他一个金碗。五月,充殿试考官,进校书郎。

翌年为著作郎,兼刑部郎官。董宋臣有个时期为保康军承宣使,此时又为内侍省,主管景献太子府。文天祥要求罢免董宋臣,不然就辞职。朝廷果然不答应,文天祥于是辞职回乡。但贾似道出来打圆场,要他知瑞州(今江西高安)。

在瑞州,他惩治强权,重教化,修复了碧落堂。碧落山很秀美,不少文人雅士来此游玩。苏辙、杨万里等留有不少诗作。杨万里更是主张抗金的,文天祥将杨万里的诗刻在石上,就是鼓舞人们抗元。

景定五年十月,朝廷又要他进京为礼部郎官。理宗赵昀病死。赵禥为宋度宗。此时赵禥已二十五岁,几乎是个活宝。什么事都不管,交给贾似道。他自己只管踢球和纵欲。

一个月后,改文天祥为江西提刑。但他再次遭遇不公。上任不到三月,御史黄万石弹劾他不称职,还有人说他不孝。称职不称职的资料不清,不孝是因祖母事。文仪很小就过继给其叔父,文仪的父亲死后,生母梁夫人改嫁。梁夫人死,文天祥请求辞官,服“承心制”,就是只服心丧,不穿丧服。

文天祥大为气愤,在朝廷上下力争,“承心制”得到朝廷认可。但文天祥已经对仕途的险恶忍不下,又辞职回乡。时年,文天祥三十一岁。

家乡有山,叫文山。文天祥就在文山和朋友饮酒赋诗,一副寄情于山水的样子。其实他心里还是装着朝廷。

翌年九月,朝廷又命他为吏部尚左郎官。他又去上任。他不是陶渊明,辞官就坚决不去。他也想学陶渊明,他学不来。1268 年,也即咸淳四年正月,刚到任,旋被御史弹劾免职。年底,又为福建提刑,这次还快,没有到任就被御史奏免。仿佛是在和文天祥开玩笑。也是在磨练他的心智。

好了,我不愿再重复这种无聊的往复过程。因为次数太多。名臣中如他这样的,极少。还是快速进入反元的过程。文天祥的生命价值就在这里。但无论如何,从后来的结果看,朝廷越折磨他,他越爱这个朝廷。

3

咸淳九年,即 1274 年,他三十八岁。正月,朝廷命他为湖南提刑。

二月,元军攻陷襄阳,守将吕文焕投降。两年前,忽必烈就改国号为元,加快向宋进攻。但宋廷依然醉生梦死。襄阳为南宋的西部屏障。襄阳一失,元军就顺江东下。南宋灭亡已为时不远。

文天祥到长沙拜见湖南安抚使江万里,江万里望着这个青年人,很感叹,“我老了,我看天下要有变,我阅人无数,天下的责任,应该在君身上。”文天祥听了,有些肃然。

是年冬,文天祥以侍奉祖母、老母为由,要求调回江西。朝廷命其出知赣州。

翌年七月,三十五岁的度宗病故。贾似道立四岁的赵显为帝,史称宋恭帝。太皇太后谢道清垂帘听政,其实还是贾似道说了算。

元军在吕文焕带领下,势如破竹。

1275 年,正月初一,正是新年,家家鞭炮齐鸣。文天祥接到元军陷汉口渡江的谍报,大为忧虑不安。

十三日,又接到谢太后诏旨:照已降旨,疾速起发勤王义士,前赴行在。文天祥捧诏大哭,朝廷眼看不行了,要被异族灭掉。前些时候,谢太后发罪己诏,说了很多自己的不是。其实谢太后还算能干,但不管怎么说,天下已经不保。

三天后,文天祥以全部家产为军费,组织义兵。没有了国,还要家做什么。先有国,后有家。他要起而保卫这个并不怎么爱他的国。文天祥将母亲和家人送到弟弟文璧处赡养。文璧知惠州。就是苏轼被贬的惠州。

他的队伍有三万余人。友人劝他说:元军凶猛,你这点没有经训练的人马无异于驱群羊斗猛虎。文天祥道:我何尝不知道?但国家养育臣民三百多年,一旦有难,竟没有一人响应,我万分沉痛。故而不自量力,以身赴难,望能感召天下忠义志士,闻风而起,也许社稷有望。他目的很清楚,抱定必死决心,要感召忠义志士。

全国各地官员大多观望不前,只有他和张世杰奋起勤王。张世杰也是个奇人,原来为元朝将领张柔的部下,戍守杞县,因犯罪投奔南宋。此时对张世杰是个机会。

一座大厦倾倒之际来得何等地快,简直是一瞬间。很多人还没有明白过来怎么回事,就倒了。二月,贾似道统领十三万人马在鲁港(今安徽芜湖西南)一战,惨败而逃。

朝中乱成一锅粥。不少朝臣逃亡。投降的更多。

元军猛虎一般,步步紧逼。

朝廷授予文天祥如下官职:右文殿修撰、枢密副都承旨、江西安抚副使兼知赣州。数天后,又为兼江西提刑,进集英殿修撰、江西安抚使。自此,他的官职就不是以往的往下降,而是直线上升。文天祥百感交集。

才一个月,元军又占领建康(今南京)、镇江、平江(今苏州)等,这些地方的首领一律投降。

四月初一,文天祥率人马至吉州。朝廷以他为权兵部侍郎,驻守隆兴,即今南昌。五月,祖母刘夫人病故,文天祥回家料理丧事。六月,返回军中。他要求上前线抗战,但主和派不同意。还有人诬陷他的义军在乐阳一带抢劫。文天祥上书力辩。后才准许进临安。七月七日,自吉州出发,指向临安。在衢州的路上,授权工部尚书。反正此时的官帽不值钱,没有人争。但朝廷内部还是有人争权。贾似道被贬至循州,半道被杀后。右丞相陈宜中和左丞相王爚不和,陈宜中出走温州。后又回临安。

陈宜中原来依附于贾似道,是战是和摇摆不定。

文天祥到达临安后,驻兵西湖,上疏言:"本朝惩五季之乱,削籓镇，建都邑，虽足以矫尾大之弊，然国以浸弱，故敌至一州则一州破，至一县则一县破，中原陆沉，痛悔何及！今宜分境内为四镇，建都督统御于其中，以广西益湖南而建阃于长沙，以广东益江西而建阃于隆兴，以福建益江东而建阃于番阳，以淮西益淮东而建阃于扬州。责长沙取鄂，隆兴取蕲、黄，番阳取江东，扬州取两淮；地大力众，乃足以抗敌。约日齐奋，有进而无退，日夜以图之，彼备多力分，疲于奔命，而吾民之豪杰者，又伺间出于其中，如此则敌不难却也。"

阃指郭门，即军事重地。当时都以为文天祥的说法迂阔，不报。我不懂军事，说不好文天祥的意见究竟如何。但朝廷不采纳，显然并不重视他，又以他为浙西江东制置使，兼江西安抚大使、平江府事。

文天祥至平江后，常州被元军包围。朝廷派一个叫张全的援常州，文天祥遣将军尹玉、朱华率三千人支援张全。尹玉、朱华在五木和元军苦战，张全隔岸观火，袖手不救，然后逃跑。十一月，常州失陷。文天祥请斩张全，但陈宜中不理。

陈宜中调文天祥支援独松关。独松关在临安西北，和余杭境内的幽岭关、百丈关合称三关。文天祥率军而往，还未抵达，独松关已失。平江的守将也降元。文天祥只得回到临安。

4

时勤王师仅三四万人，文天祥和张世杰议论国是，天祥说："淮东坚壁，闽、广全城，若与敌血战，万一得捷，则命淮师以截其后，国事犹可为也。"文天祥的主张不能说没有一线希望，张世杰大喜。张世杰为沿江招讨使。

但陈宜中不同意，对太后说，王师要持重。太后听从陈宜中。

秘书监陈著上疏请从天祥之义曰："与其坐以待困，何若背城一战，万有一幸，则人心贾勇！且敌非必真多智力，不过乘胜长驱。若少沮之，则主兵之与悬军，其壮弱即异矣。"陈宜中胆小，听不进去，出陈著知台州。

陈宜中主张求和，派宗正少卿陆秀夫等向元军求和，称侄子不行就称侄孙。陆秀夫到平江见元军首领伯颜，伯颜不答应。陆秀夫，字君实，别号东江，楚州盐城（今江苏建湖）人。性情沉静，稳重干练。

十二月，授文天祥签书枢密院事。就是枢密院的副职。

文天祥、张世杰请以三宫入海，两人率众和敌一战，但陈宜中不许。两人对朝廷绝望，张世杰出走到定海招兵，以图东山再起。文天祥也想回江西继续抵抗。

朝中大臣已经很少，宣元殿只六位文臣。陈宜中想迁都，谢太后不允，陈逃往温州。

闪过年，元军包围临安。

太皇太后以文天祥为右丞相兼枢密使，都督诸路军马。给文天祥这么个官职，就是个资格，代表宋廷和元军谈判。一同出使的还有吴坚、贾余庆等。吴坚为左丞相兼枢密使，贾余庆为签书枢密院事，知临安事。均为刚提升的。史书说贾余庆是个凶狡残忍的小人。

朔风凛冽。临安北十五里处有明因寺，此时元丞相伯颜住于寺中。

文天祥一行来到寺中。

文天祥看着伯颜道："我朝为帝王正统，北朝是要毁我社稷，还是打算以国家相待？"伯颜说，社稷不动，百姓也不杀。

"北朝要以我为国，就请退兵平江或嘉兴，然后商议我贡岁币和金帛犒师。此为上策。倘若欲毁我宗庙，则淮、浙、闽、广，尚多未下，利钝未可知，兵连祸结，必自此始。"

伯颜不耐烦起来，面色变红。

天祥又道："我南朝状元、宰相，但欠一死报国，刀锯鼎镬，非所惧也。"

伯颜辞屈，面色通红，说不出话来。旁边诸将相互看看，也都变了脸色。

气氛骤然紧张。

伯颜忽然说："文丞相留下，其余可以返回。"

"我来为两国大事，为何要我留下？"文天祥怒道。

"君为宋丞相，我也是丞相，咱俩好生商量。"其实伯颜是看文天祥出言不逊，此人有大志，定会干扰他降服宋朝。

是年二月，宋廷降元。

贾余庆等来见伯颜，伯颜让他和文天祥坐在一起，文天祥一见贾余庆就冒火，质问道："好你个姓贾的，竟敢卖国?"贾余庆却很得意的样子。伯颜也是一脸微笑。

"丞相你为何出尔反尔?"文天祥又质问伯颜。伯颜还没有说话，

吕文焕接口道："你怎么这样说丞相?"。吕文焕也就是在襄阳降元并一路为元做先锋的那个人，如今是元的参知政事。文天祥话锋一转，说："吕将军，宋廷待你不薄，你为何将襄阳送给北朝，且一路为北朝先锋，你个乱贼?"吕文焕自降元以来，从没有人如此说过他。如今被文天祥一说，竟低下头来，半天方说："丞相何故骂为以乱贼?"

文天祥说："国家不幸至今日，汝为罪魁，汝非乱贼而谁? 三尺童子皆骂汝，何独我哉!"吕文焕说："襄守六年不救。"

文天祥说："力穷援绝，死以报国可也。汝爱身惜妻子，既负国，又隤家声。今合族为逆，万世之贼臣也!"

伯颜虽恨文天祥，但也钦佩不已。

文天祥自编诗集《指南录》，名字取自他的诗句"臣心一片磁针石，不知南方不肯休"。他在后序中说，自己当时应当自杀殉国，之所以没有自杀，是因还想有所作为。

他之所以将口舌当枪，横扫一大片，也是将死置之度外，甚至想激怒元人杀死自己。他说，你们杀死了我，就成全了我忠臣的名节。

伯颜没有杀死文天祥，而是决定将文天祥押到大都(今北京)。

5

押送的船经吴门、瓜洲到镇江。是个傍晚，船到镇江靠岸，十几个元兵将文天祥押到一所农舍，当天晚上要住在这里。文天祥觉得有逃跑的机会，就命随从出去打听，联络船只。随从中有一位叫杜浒的，很机灵。还是文天祥驻兵西湖时，杜浒带四千人来迎敌，但朝廷不许。义兵只好解散，杜浒就一直跟了文天祥。杜浒果然做好了一切。文天祥抓起一把匕首，准备必要时自刎。

黑暗中，当他们的船只离开码头时，被元军发现了，大叫停船。文天祥命船夫拼命划船，船像利箭一样行驶，后面的船也很快，但不知怎么，竟搁浅了。文天祥等一行十二人长长出了口气。

真州（今江苏仪征）还在宋军手中。距离镇江二百多里，文天祥命船西行到真州。守将为安抚使苗再成，得到文天祥的消息后，急忙派人来迎。百姓听说丞相从敌营中逃回，也都纷纷欢迎。苗再成见到文天祥后，喜极而泣说："以丞相枢密使的身份作号召，江淮合力，不难挽回大局。"文天祥问他：计将安出？苗再成胸有成竹说：先约淮西兵趋建康，淮东兵工湾头，高邮等攻扬子桥，我等攻镇江。

文天祥以为很好，就写信约两个制置使。

但苗再成接到了淮东制置使李庭芝的密件，说文天祥已投降元军，目的是取真州。要苗再成杀掉文天祥。其实这是伯颜的反间计。李庭芝也是一心抗元的将领，此时驻守扬州，性情刚正。伯颜接到文天祥逃跑的禀告后，估计文天祥定会逃到距离最近的真州组织人马抗元，就令人至扬州散布谣言，说文天祥已降元，到真州是为了巧取真州。

苗再成犹犹豫豫，看文天祥无论如何也不像降元的人，但上峰命令又不可违背，就长叹一口气，对文天祥说：文丞相，你走吧。文天祥也只有仰天长叹。叹伯颜算计之准，手段之辣，李庭芝正直之过。叹宋廷不复有望。

文天祥一行只好化装出城，并换了名字。他决定到扬州。史料没有说他到扬州的目的，很可能是要面见李庭芝，解释清楚。一路上到处是追捕他的元军，他们没有地方住，晚上就找个草垛，在垛边躺一躺。忍饥挨饿到扬州，文天祥又觉得此举太过冒险。正好遇到一个卖柴的，文天祥问他愿不愿意带他们到高邮，卖柴的打量他们一眼，说愿意。他们就随着出了扬州。

他想到高邮寻找益王赵昰和广王赵昺。两人都是度宗的儿子，益王赵昰七岁，广王赵昺五岁，两人正月在国舅杨亮节护卫下逃到婺州。此时还不知在何地。文天祥估计在高邮。

高邮在扬州南，只有一百五十里，但也是处处凶险。

他们只能夜间走路。天刚亮，他们就得躲起来，前面是桂公塘，刚到村庄，听见后面有急促的马蹄声，他们赶紧躲在断墙的后面，缩在墙根，一动不敢动。正是追捕他们的元军，此时只要有一个士兵朝里面看一眼，他们就没有命。但似乎是老天有眼，突然狂风大作，乌云密布，一场大雨就要来临。这些人为了躲雨，急匆匆走了。

后来才知道这伙追兵，正是押他们到镇江的那些人。

跟随他的人只有六个了，有的死了，有的逃了。夜晚迷失道路，陷入沼泽，差一点死去。他实在走不动，饥饿加上疲乏，没有一点力气，但他咬牙坚持。走不动就爬。

就在这时，身后来了几个樵夫，见他这样子，以为是逃难的，就把他放在筐子里，六个人抬着他走。

到了高邮，但高邮守将也接到李庭芝的通缉令，不让他进城。他又决定到泰州。泰州在扬州正东，到泰州后，听说二王可能在通州（今江苏南通），他们又乘船到通州。又听说二王在温州建立了元帅府，号召抗元。他们又奔温州。到温州又听说二王去了福州。

闰三月，文天祥又乘船出海，至福州。见到二王和陆秀夫时，他喜极而泣。

不到三个月时间，他有十几次死亡的可能，每时每刻都是生和死的考验。他只有一个信念，要找到二王，创造一个奇迹。二王还小，不可能理解这一切，但身边的大臣理解。文天祥在《指南录后序》中把这称为“义”。

刀尖上的日子，真正的义薄云天。

6

德祐二年（1276）五月初一，益王在福州登位，改元景炎，是为端宗。广王晋封为卫王。陈宜中此时为左丞相。以文天祥为右丞相兼枢密使，但文天祥看不惯陈宜中既刚愎又滑头，不拜，任枢密使，兼都督诸路军马。

文天祥要吕武到江、淮招豪士，杜浒到温州募兵。一心要兴复大业。文天祥想还温州进取，陈宜中不从。

转眼到了秋天。七月，宋文天祥开府南剑州（今福建南平），经略江西。他很快组织了一队人马。

十月，陈宜中令文天祥出兵汀州（今福建长汀）。文天祥兵次汀州，遣将军赵时赏攻江西宁都，参赞吴浚取雩都（今江西于都）。但兵败,南剑州也被元军攻取,最后福州也守不住。陈宜中等带着端宗乘舟入海。此时跟从的有军人十七万,民兵三十万。

翌年正月,文天祥移军漳州(今福建漳州)。他原来打算守汀州,但汀州守将黄去疾听说端宗下海而去,就有异志,打算降元。

一天,文天祥正在城中办公事,门人报说,吴浚来见。其时吴浚已降元,见到文天祥,即劝说文天祥也降元,并说识时务者为俊杰。文天祥大怒道:“身为大宋之臣,投降卖国,如此泯灭良知。要你何用?”说完,令人将吴浚推出斩首。

这是文天祥杀的第一个叛将,早在元营,他就想将所有叛臣杀光,在他眼里,这些人都有罪,都该死。

阳春三月,文天祥向梅州(今广东梅州)进发。他要克复梅州。七百多里的路程,急行军两天多赶到,守城元军人数不多,见文天祥人多,就弃城逃跑。

此时有了小气候,广东制置使张镇孙克复了广州。黄州、寿昌军也恢复。

文天祥想到江西抗战,他早就想到江西,江西是他的故乡,号召力强。于是兵指江西会昌。吉州、赣州的人听说文丞相的兵马到来,纷纷前来投军,队伍进一步壮大。会昌是个小县,天祥一举克复。

文天祥很兴奋,挥军进入雩都。遣赵时赏等分道恢复吉州、赣州诸县。并斩汀州伪天子黄从。又有不少人继续投奔他。

元军见文天祥势力渐大,就遣左副都元帅李恒来攻。文天祥此时在兴国,没有想到李恒突然兵至。十八日,双方一战,文天祥不敌。邹沨聚兵数万于永丰,文天祥引兵奔永丰。李恒随后追来。又是一场恶战。

宋兵显然不是敌手,蒙古军队久经疆场,马快如风。宋兵多是民兵,只能是狼和羊的搏斗。

宋兵溃。

李恒追到方石岭。见一宋将坐在巨石之上,身边环有士卒,怀疑有埋伏,不敢进。令将士朝宋军射箭,箭如雨一般射向宋将,宋将一动不动。一直到死,身子仍不倒地。此将叫巩信。

李恒追到空坑。见一将坐在肩舆上,追兵问,“你姓什么?”将军道:“我姓文。”追兵以为是文天祥,抓了起来。其实是赵时赏。文天祥与杜浒、邹沨得以脱身。天祥妻子、儿女及幕僚被逮住。赵时赏大骂元军不止,见到被捆的比他低的宋军将领,就说:“小小签厅官,逮他们有何用,去吧。”元军不知底细,放走不少。后,赵时赏被杀。

文天祥等逃到循州(今广东龙川),又集合了不少散军,屯兵于岭南山中。

其时,端宗流亡海上,陈宜中见势不好,溜走了。海中突遇飓风,船只几乎沉溺,吓得端宗病了起来。

景炎三年(1278),十一岁的端宗病死。不少朝臣逃离。张世杰和陆秀夫又立八岁的卫王继位。

文天祥进军惠州,海丰。托人打听行朝消息。知道行朝在崖山,今广东新会南五十公里的海中。地势险要,有两石山如两扇门一样,中间有一海道。行朝封天祥为少保,信国公。天祥请求举兵入朝,被张世杰阻止。两个都有个性的人,此时还弄不到一块,应该说是悲剧。天祥心里很是难受。

八月,天祥军中起大疫,母亲和长子都去世。天祥更是悲恸不已。

元江东宣慰使张弘范和李恒一起进攻南宋的残余力量。

文天祥在潮州,刘子俊等来会,合兵一处讨伐剧盗陈懿,陈逃窜。见到张弘范,用海舟载着张弘范的人马到潮州。文天祥看抵不过,走海丰。一日,正在五坡岭吃饭,张弘范的先锋骑兵蜂拥而至,文天祥见大事不好,急忙取出平时预备的脑子吞下,但未能自杀成功就被捉住。另外一起人马捉住刘子俊,刘子俊说自己是文天祥。文天祥说自己是文天祥。刘子俊是要文天祥脱险。惹恼了元军,活活烹了刘子俊。

文天祥被押至潮州,见到张弘范,左右令其下拜,文天祥高昂着头,不拜:“大宋丞相,岂可拜北寇将领?”张弘范称其为义士,让人松了他的绑。

是年,文天祥四十三岁。他的艰苦抗元画上了句号。还有三年多的监狱生活。

7

张弘范至珠江口外的伶仃洋,率军进攻崖山。

开始并不顺利。张弘范有三十万人(一说十万),战舰数百艘,宋军约有二十多万,其中十几万都是文官、宫女和一些非战斗人员。船只两千余艘。张世杰怕人们逃跑,用绳索将所有船只栓到一起。张弘范用火攻,张世杰令人将船上涂上淤泥。

张弘范要文天祥写信劝张世杰投降。文天祥道:“我不能捍卫父母,还要人叛父母,可以吗?”遂写《过零丁洋》给张弘范,张弘范一看,知道文天祥心志已坚,不可扭转。

诗是这样的:

辛苦遭逢起一经,干戈寥落四周星。
山河破碎风飘絮,身世浮沉雨打萍。
惶恐滩头说惶恐,零丁洋里叹零丁。
人生自古谁无死?留取丹心照汗青!

尤其是最后两句,铿锵的词句,有力地表达了文天祥的人生价值取向。谁没有一死,我就是要用红心照亮史册。这两名,是他的人生写照,也成为激励后人的千古名句。

二月初六,张弘范向崖山发起猛攻。

张弘范分军为四,自率一军,以奏乐为总攻信号。李恒乘潮进攻北面,但失败退回,就在这时,元军奏乐。宋军以为元军吃饭,稍稍松懈,元军乘势猛攻,用伪装的船只接近宋船,突然杀出,短兵相接,一场搏杀后,宋军失利。张世杰见势不好,令人砍断绳索,带领十余只船只突围而去。

赵昺的船在军队中间,无法突围。张世杰派人来奉赵昺入舟,陆秀夫恐被人所卖,不肯答应。来人走后,他背着八岁的赵昺,急得团团转,先将妻子、儿子驱赶入海,然后一横心,跳入茫茫的大海中。

眼见皇帝已死,军民也纷纷跳海自杀。《宋史》记载七日后,十余万具尸体浮在海中。惨不忍睹。

张世杰后来试图再举,但随行的杨太后听说皇帝死后,也跳海自杀。张世杰不久在大风雨中溺死。

陆秀夫、张世杰和文天祥,后来被称为南宋末“三杰”。

文天祥在船中,听说宋廷失败小皇帝自杀。他忍不住悲恸,哭了起来。他心中的希望彻底破灭了。

三月十三日,文天祥被押至广州。张弘范仍不死心,劝他说:“南宋已灭亡,忠孝之事已尽,即使杀身成仁,又有谁把这事写在国史?文丞相如愿转而效力大元,一定会受到重用。”文天祥答道:“国亡不能救,作为臣子,死有余罪,怎能再怀二心?”

元人为了使他投降,决定把他押送元大都。

一个多月后,离开广州,前往大都。天正热,一路经南安军(江西大庾县)、赣州、庐陵、建康、徐州。十月初一,天已经很凉,到大都。关押在兵马司,“枷项缚手”。

在押送途中,有一个庐陵人王炎午张贴了数十张《生祭文丞相文》敦促文天祥舍生取义。文天祥一路上服毒,绝食,自谓“惟可死,不可生”,但没有死。在南安军绝食八天,竟不得死。

一个月后,狱卒去掉文天祥的枷锁,但怕文天祥再逃,颈上还系着锁链,允许他到院中晒太阳。一天,狱卒押着他到枢密院,见丞相博啰。天祥只作揖,不跪,并说:“南方人作揖,北方人下跪。我是南方人,只作揖,不下跪。”博啰令左右强行按倒地下,他仍不跪。博啰以为自己是丞相,会说。但无论他怎样说,天祥总能在他之上。清毕沅的《续资治通鉴·元纪》中说:博啰曰:“既知其不可,何必为?”天祥曰:“父母有疾,虽不可为,无不下药之理。尽吾心焉,不可救,则天命也。天祥今日至此,唯有一死,不再多言。”博啰欲杀之,帝及诸大臣不可。

一天,狱卒递给他一封信,他打开一看是两个女儿写的。这才知道妻子欧阳和女儿柳娘、环娘被元军俘虏后送到此地。他共有二子六女,当时在世的只剩此二女,年龄都是十四岁。元朝想利用骨肉亲情软化文天祥。

文天祥接到女儿的信,虽然肝肠寸断,但还是说:人谁无妻儿骨肉之情，但今日事已如此，于义当死，乃是命也。奈何！奈何！

又写诗道："痴儿莫问今生计，还种来生未了因。"表示国既然不存在，家亦不能团圆。骨肉团聚就意味着变节。

8

八月十五。诗人兼琴师汪元量获准探视文天祥。汪元量原来是度宗的宫廷琴师，跟随谢太后到大都，曾屡至囚所探视。文天祥为他集杜甫诗句，为《胡笳十八拍》。此刻，他为文天祥演奏。《胡笳十八拍》据传为汉代蔡文姬所作，蔡文姬被胡人掳去，思念家乡，十分忧怨沉痛。汪元量是要鼓励文天祥为大宋尽忠，其实文天祥不需要鼓励，他心中已充满了浩然之气。

元至元十八年，也即 1281 年，正月元日，都在过新年。监狱里如同冰窖，他给继子文陞写信，其中又说"不得不殉国"。

翌年六月，他做了一首《正气歌》，再次表达自己的坚定志向。开头有序说："余囚北庭，坐一土室，室广八尺，深可四寻，单扉低小，白间短窄，污下而幽暗。当此夏日，诸气萃然：雨潦四集，浮动床几，时则为水气；涂泥半朝，蒸沤历澜，时则为土气；乍晴暴热，风道四塞，时则为日气；檐阴薪爨，助长炎虐，时则为火气；仓腐寄顿，阵阵逼人，时则为米气；骈肩杂遝，腥臊汗垢，时则为人气；或圊溷、或毁尸、或腐鼠，恶气杂出，时则为秽气"。在这污秽之气中，他安然无恙，靠的是"浩然之气"。

正文开始就说："天地有正气，杂然赋流形。下则为河岳，上则为日星。于人曰浩然，沛乎塞苍冥。皇路当清夷，含和吐明庭。时穷节乃见，一一垂丹青。"

在他看来，天地间被一股浩然正气充满，并且"时穷节乃现，一一垂丹青"。接着他举了很多历史上的例子，如张良锥秦始皇，苏武牧羊、岳飞被害等等，都"是气所磅礴，凛冽万古存。当其贯日月，生死安足论。"有这种正气在，生死就不在话下。"鼎镬甘如饴，求之不可得"。最后两句为"风檐展书读，古道照颜色"。

这是一首感天地、泣鬼神的千古绝唱，有正义感的人应该全文再读一读。它表明中华民族之所以不被灭亡，就是因了这种人在，这种文化在。

八月,忽必烈问议事大臣:“南方、北方宰相,谁是贤能?”群臣回答:“北人无如耶律楚材,南人无如文天祥。”忽必烈想委任文天祥重任,要户部尚书王积翁等写信给天祥,天祥一口回绝。

有人自称宋主,有兵千人,声称要劫文天祥。大都也有匿名信,要于某日烧城墙的芦苇,率两翼兵为乱。

十二月八日,天气阴霾。

忽必烈召见文天祥,说:“你事我,我当以你为丞相。”

“我受恩于宋,为宋丞相,怎么能事两姓?愿赐一死足矣。”

柴市口的刑场上。寒风凛冽,沙尘四起,天日昏暗。

元兵押着文天祥的囚车缓缓而至,文天祥神态安详立在车上。他看着熙熙攘攘有上万人的百姓,百姓也望着他。

他下车后,问身边的百姓,“哪是南方?”有人指给他。他朝南方跪下,拜了几拜,站起身。

午时三刻,主刑官一声令下,随着刽子手的刀光一闪,满腔鲜血喷涌而出,染红了大地,染红了山河。

不少百姓流下了泪。为这个宁死不屈的人。

是年,天祥四十七岁。

有人从他衣带里发现他事先写下的话:“孔曰成仁,孟曰取义,惟其义尽,所以仁至。读圣贤书,所作何事!而今而后,庶几无愧!”

妻子欧阳氏说:“我夫不负国,我安能负夫!”遂自刎。

庐陵有个叫张千载的,是文天祥的朋友。文天祥显达时,屡次请他做官,但他不愿意。文天祥被囚后,过吉州,张千载来见,说:“丞相北行,我当陪同。”天祥坐牢三年多,他一直在附近,“日以美馔馈”。知道天祥必死,就做了一个盒子,受刑当天,就把天祥的头放在里面。后又寻着欧阳氏的尸骨,一并南归吉州。到达的这天,似乎上天感动,惠州天祥母亲曾氏的灵柩也正好同日到达。

文天祥有这样的朋友,他也知足了。

于 谦

（明初 1398—1457）

性格刚硬，不屈不挠。因不贿赂太监王振，被王振指使人诬陷，关进监狱，释放后被贬为地方官。土木堡之役后，京师恐慌，于谦等拥立郕王为帝。调兵遣将，保卫京师。英宗复辟后，杀了于谦。令人扼腕。

于謙

性格刚硬不屈不挠 因不贿赂太监王振 被王振指使人诬陷 关进监狱释放后被贬为地方官

麟康畫於上海

1

千锤万凿出深山，烈火焚烧若等闲。
粉骨碎身浑不怕，要留清白在人间。

——《石灰吟》

这明白如话的绝句，是于谦吟咏石灰的，诗言志，借石灰表明心志。也可看出他的性格，如石灰一样不怕“千锤万凿”、不怕“烈火焚烧”和“粉身碎骨”；要清白，不要玷污。清白不仅是清廉，还要不同奸宦同流合污，和外敌斗争到底等等，与文天祥的“留取丹心照汗青”如出一辙。

堂堂正正，绝不蝇营狗苟。是正直文人的符号。

于谦并不以诗行世，但也喜欢诗。还有一首《咏煤炭》的，其中有“凿开混沌得乌金，蓄藏阳和意最深。爝火燃回春浩浩，洪炉照破夜沉沉”这样的句子。一黑一白，都是表明心志，这次说的是火热的心。

石灰更多指向道德品质，煤炭更多指向工作精神。

于谦一生，起伏不定，但以雄壮、昂扬、奋进为主旋律。

十四世纪末，中国社会进入明朝。和尚朱元璋起来赶走了元人，建立了自己的统治。于谦出生的时候，朱元璋已称帝三十一年，坐稳天下。

于谦，浙江钱塘人，字廷益。人一出名，都喜欢神化他。但同时也应该看到大人物的不同凡响处。

据说，双角时，有一天游乡校，僧人兰古春看见他，逗他说："牛头喜得生龙角。"小于谦即对曰："狗口何曾出象牙。"兰古春很惊奇。于谦回家对母亲说："不可梳双髻。"母亲为他梳了三个角。他日，兰古春又过学馆，又戏曰："三角如鼓架。"于谦又即对："一秃似擂槌。"

兰古春知道此儿不凡，遂对于谦的老师说："所见人无若此儿者，异日救时宰相也。"救时宰相，就是关键时刻能力挽狂澜的宰相。唐时的姚崇为别人称他为救时宰相而高兴。

于谦很仰慕岳飞、文天祥式的人物。他祖父收藏有文天祥的画像，后来数十年一直将文天祥的画像放在身边，并在画像旁题赞词：呜呼文山！遭宋之季，殉国忘身，舍生取义。气吞寰宇，诚感天地。陵谷变迁，世殊事异。坐卧小阁，困于羁系。正色直辞，久而愈厉。难欺者心，可畏者天。宁正而毙，弗苟而全。再向南拜，含笑九泉。孤忠大节，万古攸传。我瞻遗像，清风凛然。

可见于谦的志向。

十五岁，被取为钱塘县儒学生员，也即秀才。他在吴山三茅观求学，吴山在杭州城南，峰峦叠嶂，风景尤佳。于谦每每总有奇思妙想，不大喜欢古板的四书五经。议论事情，口若悬河；写文章，下笔千言。

十七岁，乡试不第。

当时有个按察佥事为学督，对诸生很严厉，引起诸生不满。谒孔庙这天，诸生群起鼓噪，并将佥事挤堕学宫前的泮池，泮池有水，诸生都吓跑了。于谦上前扶起他，但佥事却气糊涂了，想把罪推给于谦。于谦慢慢地说："起哄的走，扶你的留，此很容易明白。今日你不罪起哄者而罪援公者，其谓之何？"这一质问，让佥事哑口无言，而于谦的名字传了开来。

事情不大，但表明于谦的行事风格，也暗示了于谦今后的道路不会平坦。官场上小人比佥事厉害得多。

永乐十五年，乡试又不第。次年，娶妻子董氏。董氏是山东人，其父原为翰林，因忤权贵，降为济南教授。

十八年又考，中第六名。

永乐帝朱棣是朱元璋的第四子，雄才大略，又很暴力。原在北平

(今北京)为藩王,不满于侄子建文帝的削藩,攻入南京,夺了皇位。十九年(1421)正月,将京城迁往北平,改作北京。二月,于谦进京参加会试,主考官翰林学士杨士奇、侍读周述都很欣赏他的才学。三月永乐帝主持殿试,于谦中三甲第九十二名,赐同进士出身。据说他没有中第一名的原因,是"策语伤时"。就是说语言对现实太过尖锐。

是年,于谦二十四岁。

2

二十一年,朝廷命于谦至湖广,犒察官军功过,并安抚川、贵一带的瑶族和壮族。于谦为了弄清真实情景,化装到瑶民中,了解到官军有滥杀的情形。于谦处置有方,赏罚严明,百姓心悦诚服。次年,回京弹劾有罪的官员。

也就是在这一年七月,永乐帝在北征返京途中病逝。长子朱高炽继位为仁宗,但十个月就去世。皇帝又换成宣宗朱瞻基。二十六的朱瞻基很英武。

四月,宣宗授于谦为山西道监察御史。于谦"风骨俊秀,吐音鸿畅",每有奏对,宣宗就倾听。当时通政使为顾佐,此人刚毅清廉,对下属很严。只有议事时候才和人坐,人称"顾独坐",但顾佐见了于谦却总是笑脸相迎。顾佐是三品官,于谦是正七品。顾佐以为于谦的才能胜过自己。于谦也很仰慕顾佐,曾有诗赞颂。

八月,还很闷热。京师传来乐安州(今山东惠民县)朱高煦造反的消息,朱高煦是朱瞻基的叔叔,兄长为皇帝时他就不服,此刻更不服。他打着"清君侧"的旗号来造反。朱瞻基似乎早就等着这一天。因为脓包早晚要破。

朱高煦想要复制父亲当年的历史,但历史有时不可复制。他还沉浸在梦想之时,年轻的宣宗亲征至城下,并结实地包围了城池。宣宗令神机铳发射,"声震如雷",朱高煦惧怕,身披白衣,抱着草席投降。宣宗命于谦数说朱高煦的罪恶,史书说于谦"正词崭崭,声色震厉",朱高煦伏地战栗不止,口称,臣罪该万死。

宣宗很高兴,赏赐了于谦。当然朱高煦之所以认罪,还是宣宗的军事力量起大作用。

皇室的争斗,让于谦不可避免地卷了进去。于谦没有想到自己后来的死,也是牵连到皇室的争斗。

还好,朱瞻基是个英主。他赏识于谦。

翌年,于谦受命巡按江西。

于谦一到江西,就处理常年积案,雪冤案数百,人们称其"神明"。南昌宁王府的人历来骄横,连衙役也霸道,于谦惩治了十几人。

宣德五年,朝廷以三十三岁的于谦为兵部右侍郎兼都御使,巡抚山西、河南。在巡抚中应该是很年轻的。就此他在巡抚任上一干就是十九年。就此可见于谦忙碌的身影,冬春在太原,夏秋在开封。其中有原因,夏秋之际,黄河好决口。闹不好就会失掉几万人的性命。他要督察修河堤,防守。就这样,河堤还是难免溃口。他多次奏请免除河南开封府内数县的秋粮、马草。

于谦在太原修理城池,保障边民,储蓄边粮。大同是军事重镇,仅次于宣府。朝廷规定巡抚只管全晋军政,不多过问大同。于谦建议专门设立宣府大同巡抚,加强军事要地的治理。这事关乎到国家安全,蒙古人时时在觊觎着。

宣德八年,河南大旱,于谦又奏请免征税粮。

于谦以天下为己任,表现出廉干清正的锋芒。

1435 年,即宣德十年,宣宗病逝。

英宗朱祁镇即位。朱祁镇只有九岁,小小孩童懂什么?太皇太后张氏主政。张氏听从"三杨":杨荣、杨溥、杨士奇。三杨是宣宗遗命的辅臣,都是忠正之士,也信赖于谦。但朱祁镇最相信和依赖的是宦官王振。明朝皇帝宠幸宦官,从朱祁镇开始。朝政败坏也从他开始。

王振是个复杂角色,由于他,导致了土木堡之变,导致朱祁镇的被俘,以后还要说。

于谦的命运和朱祁镇紧密相连。

不过现在朱祁镇还小,朝政控制在"三杨"手里。于谦有奏折,早上报晚上就能批,而且多数照准。

他的影响力还只限于某一区域,在该区域治理,安民。所到之处,奸吏受到惩处,百姓无不称誉。

每到一处，大事小事一起抓。河南飞蝗遍地，他作为三品官，亲自下田间捕蝗。天大旱，他又到龙王庙祈雨。

正统五年（一四四〇年）深秋，太行山中晓月霜浓，山路崎岖，于谦自河南开封往山西太原，轻骑简从，忽然遇着一伙劫路的盗群，挥刀呼啸而来。于谦一惊，大声叱责，群盗始发觉他是巡抚于谦，呼啸一声，各自散去。

宦官王振现在很了不得。

正统七年（1442）十月，张太后死，十七岁的朱祁镇正式掌权。三杨也一个个不行了。杨荣先死，杨士奇的儿子被论死后，他就不出来。杨溥有病。能够降住王振的势力没有了。王振有种解放的感觉，就很跋扈。朱祁镇不称呼王振的名字，而称“先生”。所有升迁的官员，没有不给王振送礼的。能给王振送礼，是一种荣耀。朝中充满了污浊之气。内外大臣公侯贵戚多称王振作“翁父”，兵部尚书徐晞等谒见王振都是望风跪拜，工部侍郎王佑更当面自称为儿。

于谦在巡抚任上不带家眷，妻子在京师，父母在杭州。正统十年董氏病逝，于谦没有再娶。他一心干事业。

十一年（1446），朝廷要于谦为兵部左侍郎。于谦从山西返京，竟然没有送给王振一点东西。有人说：你不带财宝，也不带点土特产？于谦爽然一笑，“我只有清风。”还作一首诗说：“手帕蘑菇及线香，本资民用反为殃，清风两袖朝天去，免得闾阎话短长！”

王振大为不满，他视为瞧他不起。

于谦入朝为左侍郎，推荐参政王来、孙元贞代替自己。王振指示通政使李锡逢弹劾于谦，说于谦对长期不得晋升不满而推荐自己的人。把于谦判处死刑。

史料没有说具体过程，但我想于谦一定很愤慨，愤慨宦官的黑暗。死刑啊，人生就要画上句号。此时于谦才四十九岁，正是能干事的时候。

于谦被判死刑的消息，传到山西、河南。两地百姓纷纷进京上书要求释放于谦。王振为自己找理由，说有个姓名和于谦相似的御史，曾经顶撞过他，搞错了人。三个月后，放出于谦并降为大理寺少卿。可两地百姓还不满意，又集了一万多人伏阙上书，要求于谦官复原职。两地的藩王也同时上书。王振不得已，才恢复了于谦的职务。

于谦和王振是两路人，王振家在大同附近的蔚州，屡次想扩大庄园。宣大巡抚罗亨信和于谦是朋友，不让扩大。引发王振不满。

于谦出狱后，仍一如既往，不改原来的秉性。

刚出狱，他就急忙奔到开封。站在黄河岸边，看着这条奔腾咆哮的黄龙而发愁。十九年来，他不知亲临黄河视察多少次，想过多少办法。但这条黄龙始终不驯服。

是年五月，于谦铸镇河铁犀，立于开封东北的铁牛村。铁犀高两米，独角向上，十分威武。铁犀背上有于谦亲自撰写的《镇河铁犀铭》。

铁犀至今尚在。

铁犀反映出一种治河愿望。开封人至今感念于谦。感念他的为民精神。

3

此时，瓦剌人在西北边外强大起来。

瓦剌是西部蒙古族人，居住在巴尔喀什湖东面。元时开始南下到新疆的阿尔泰山一带。元朝灭亡以后，一部分蒙古族退回蒙古草原和东北等地。后经朱元璋数次打击，内部发生混乱，逐步分裂为鞑靼、瓦剌和兀良哈三部分。在明朝初期，三部分别臣服于明朝，每年都要向明朝献马朝贡。后瓦剌人强大起来，至也先时，势力强盛，统一了其余两部。也先称太师淮王。

正统十年，兵部尚书邝埜奏请增兵大同，王振不理。十二年正月，罗亨信上书说瓦剌企图入寇，建议于北边增置城卫，邝埜也不敢上报。

正统十三年，于谦回京为兵部左侍郎。

翌年就发生了举国震惊的"土木堡"事变。

王振让其死党宦官郭敬镇守大同，不布置北防，反而接受瓦剌贿赂，和瓦剌贵族进行交易。郭敬每年私造大量箭支，送给瓦剌，瓦剌则以良马还赠王振作为报答。为讨好瓦剌，王振还对其贡使赏赐增厚。瓦剌人每年都带着良马到明朝朝贡，明廷则相应地给予回赐。一般情况下，回赐的价值要稍稍超过朝贡物品的价值，同时，也要给对方贡使一定赏赐。因此，瓦剌为了获取中原财富，非常愿意到明朝来朝贡。

王振决然不会想到瓦剌人会侵犯。

按照规定，瓦剌每年到明朝的贡使不得超过五十人。后来，瓦剌贪图回赐，贡使人数日益增加。到正统初年，贡使的人数经常为两千余人。

这年二月，也先遣了两千五百人来进贡，王振不知是哪根神经发作，不肯给来使多的赏赐，并且减去马价的五分之四，引起来使不满。来使回去禀报也先后，也先大怒，遂于七月兵分四路，向明廷进攻。

东路，由脱脱不花与兀良哈部攻辽东；西路，派别将进攻肃州（甘肃酒泉）；中路为进攻的重点，又分为两支，一支由阿剌知院所统率，直攻宣府围赤城，另一支由也先亲率进攻大同。也先进攻大同的一路，"兵锋甚锐，大同兵失利，塞外城堡，所至陷没"（《明史纪事本末》卷32《土木之变》）。

大同的军队和也先的接触后，即被打败。王振知道战况后，力劝朱祁镇亲征。王振虽是宦官，但喜欢军事。他要玩大的。

邝埜和于谦都上书说："六师不宜轻出。"吏部尚书王直率群臣上书劝阻，但朱祁镇只听王振的。亲征是要场合的，寇准力主亲征，是有备无患。王振却是头脑发热。

七月十六日，朱祁镇率军二十万（一说五十万）出发。于谦在北京留守兵部。

在没有准备的情况下，仓促出师，败局已定。

大军到大同后，听禀报说也先厉害，于是撤军。似乎不是征战，而是走亲戚。撤兵的路线也来回变动，原因很简单，王振想让皇上经过自己的家乡，好在家乡扬名。

至土木堡宿营，当晚是八月十五，皎洁的月亮挂在湛蓝的天空。也先率两万人马包围上来，将十几万人马杀了个稀里哗啦，俘获了朱祁镇，王振被将军樊忠一铁锤打死，结束了他罪恶的一生。

五十多名朝廷重臣，只有很少逃出来。其余全部被杀。

后人总闹不懂，为何十几万人抵御不了两万？主要是没有军事准备，遭受突袭后，大面积心理崩溃。当然也可看出明朝外表强大，内部空虚。不少重要部门被王振死党掌控,能做出什么好事来?

跳开这段史实不说,明朝总的感觉疲软,自两宋就开始,没有了汉唐的威猛气势。不然不会一上来就闹个土木堡事件。

4

明帝国迁都北京,就是要抵御外敌。但这一战,失去了全部精锐,一下子将京师暴露在前沿。

八月十七日清晨,京城里十分惶恐,谣言四起。京师只有老弱残兵十来万,如何抵御野蛮如虎的蒙古人?朱祁镇从敌营里让人送信给皇室,需要大批的金银财宝换他的命。太后们用了八匹马,驮着奇珍异宝去,但也先并不放人。也先的胃口很大。

翌日,太后命郕王朱祁钰监国,朱祁钰是朱祁镇的异母弟弟,二十二岁。眼下当务之急是如何防守也先。

朝会上,有一个身材短小的人站了出来。此人叫徐理,后改名叫徐有贞,懂水利,会阴阳,是翰林院侍讲。吴县(今苏州)人。徐理个子小,但声音大,他说:"微臣从星象上考察金秋荧惑星曾入南斗,从历数上推算天命已转变了,现下只有赶快南迁至建康,方可避免大难。"

徐理在瓦剌南侵,皇上亲征前,就将家属送回苏州。

一时,朝廷内很静。都在权衡这句话的分量。不少人都想赶紧离开北京,走得愈远愈好。

"永乐帝的陵墓在北京,怎么能走呢?"七十八岁的礼部尚书胡濙犹豫说。胡尚书的话一落,众人哭了起来。仿佛哭能阻止也先的铁骑蹂躏。

朱元璋建都建康,朱棣北迁至京,仁宗时就要迁回建康,但做皇帝时间短,没有迁成。不过那是以前,如今大敌当前,要迁都就很不是时候。起码是摇动军心,再者敌人如果追至建康呢?

于谦立起眼睛,看着徐理大声道:

"倡议南迁者,当斩首!京师是天下的根本,一动则大事去矣。谁不知宋朝南渡的祸患,请立刻调动四方勤王兵,誓死守卫京师。"

一句话落地，不少人脸上转忧为喜。

吏部尚书王直和大学士陈循等也都支持坚守。

皇太后也有了信心，让太监金英将徐珵斥出金殿。于谦成了主战派的首领。朱祁钰将守城的任务交给于谦，命于谦为兵部尚书。责任对于谦来说，太过重大。一是不懂兵，二是京城空虚，三是也先太强大，四是朱祁镇在也先手里，抵抗起来很棘手。但于谦就是于谦。大敌当前，退却就是失败，就是灭亡。

于谦请求郕王发布檄文集合顺天府、应天府、河南的备操军，山东和南直隶沿海的备倭军，江北和应天府各地的运粮军，立即奔赴顺天府，保卫京师。郕王答应，人心稍定。

站在世界角度看，每一个民族或国家危亡之时，总有热血之人站出来，他们能担当，多奋勇，领袖全局，力挽狂澜，其精神可与日月争辉，与山河共存。

八月二十三日。一个平常的日子。朝议。

右都御史陈镒出班上奏说："奸宦王振，倾危宗社，应诛其杀全族，请灭族以安人心。若不奉诏，群臣死不敢退。"说着，当庭痛哭。

廷臣一时纷纷响应，不少人当庭痛哭起来。但朱祁钰有顾虑，一是王振和朱祁镇关系非同一般，怕朱祁镇一旦回来不好办。二是王振余党势力不小。闹不好，自己尴尬。

但群情汹汹。不处理，眼下这一关就过不去。朱祁钰让改日再议，众臣却依然跪在地下。有点像唐玄宗在马嵬坡的局势。

朱祁钰只得让锦衣卫都指挥马顺籍没王振家。马顺是王振的马前卒，怎么能派此人去？有人说："当令右都御史陈镒前往。"

太监金英传旨让群臣退下。可没有一个人退下，都跪在那里。还有人要打金英，金英急忙跑走了。

马顺横行惯了，竟厉声训斥百官："你们想干什么？连郕王的话都不听，都出去！"

很像干柴上泼了油，只等一个火星来，就会通的一声，燃起熊熊大火。马顺就是这个火星。于是，大火燃烧起来。户科给事中王竑早对马顺不满，见他还如此嚣张，便霍地站起身来，一把抓住他的头发，大喊道："尔等奸党，罪恶当诛，至今还敢如此，你算什么狗东西！"话音甫落，竟张开大口，猛咬马顺的脸，撕下一块肉来。众臣上前，你一拳，我一脚，竟将马顺打死。

失控的人们向朱祁钰索要王振党羽毛贵、王长两人，并当场将两人打死。一些大臣还将三具尸体挂到东安门上，军士看到后争相击打不止。之后，又请求逮捕王振侄锦衣卫指挥王山，王山反接跪于朝廷上，大臣纷纷唾骂他。

朱祁钰看场面失控，心生惧意，急忙起身要入内殿。于谦见朱祁钰脸色不好，急忙挤到郕王身前，扶臂劝道："殿下勿走，马顺等人罪当死，不杀不足以泄众怒。群臣是为了社稷，请不要追罪于各位大臣。"朱祁钰听后，脸色有所缓和。

众人也停止下来，此时于谦的袍袖也已裂开。想是当时也上了拳脚。

朱祁钰降令旨奖谕百官归莅事，马顺罪当死，不再追论。众人拜谢后退出。

出左掖门时，吏部尚书王直拉着于谦的手叹道："国家正是倚仗您的时候。今天这样的情况，即使是一百个王直也处置不了啊！"

于谦道："尚书言重了。"

此事后来被称为午门血案。不要说在明朝，即便在其他朝，也罕见这种血溅朝堂的局面。有人将此事说成是斗殴事件。其实不能说是简单斗殴，而是群情激愤的表达。是正义对邪恶的较量。

九月，因太子年幼，瓦剌未退，国不可一日无君，众臣恳请朱祁钰就帝位，朱祁钰不肯，再三推辞。于谦大声说："臣等实在是忧虑国家，并非为了私人打算。"

朱祁钰这才就了帝位。为明景帝。

后来有人上折说：失控场面极不应该。马顺虽然有罪当死。但诸位廷臣怎敢擅自杀掉？如果没有内官护卫，皇上的安全就危险了。所以不宜用这类大臣。

于谦很生气，就和王直等奏称：这样做符合《春秋》中诛杀乱臣的大义，倘若当时的乱臣现下仍当道，那国家的安危则未可知。

于是明景帝称意。

明景帝才略一般。因有于谦，才捡来个皇帝。

5

于谦成为景帝的依靠。于谦进言："敌寇得意，要挟持扣留太上皇，他们必定轻视我中国，长驱直入到南方。故而请求朝廷命各边防驻守大臣协力防守阻击。京城军队的武器几乎用尽，应当马上各分道募集部队，并命工部修理武器盔甲。此外，亦派遣都督孙镗、张仪、雷通等分别带兵防守京城九门，并在外城安置兵营。请都御史杨善、给事中王竑参与保卫事宜，将靠近城郭的居民迁入城内。通州积攒的粮食，可命官军自己到关上支取，将剩余的粟米换成金钱，不要留下资助敌军。石亨、杨洪、柳溥等，宜任命为将领元帅。至于军队事务，臣亲自担当，若不能奏效，则请治臣的罪。"

规划相当精细，从对敌寇的预料，到如何防御，粮食储存，百姓安置，将帅任命，都了然分明。表明于谦有军事才能，有组织能力，临危不乱，处变不惊。不当的地方是用了石亨。这是个小人。

石亨是渭南人，"方面伟躯，美髯及膝"，善骑射，为大同参将。和也先军战失利，单骑一人跑回，被下狱。这是个有军事才能的人，于谦用他，是出于大局。后来于谦也是死于此人之手。

朱祁钰命于谦为提督，统领各路人马。

十月初一，瓦剌军分三路大举进攻京师。东路军两万人从古北口方向攻密云；中路军五万人，从宣府方向攻居庸关；西路军十万人由也先自将，进攻紫荆关。

紫荆关距离北京三百来里，和居庸关、倒马关合称为"内三关"，历来是兵家必争之地。

初九，也先兵临紫荆关。也先挟持朱祁镇，命守将开门。守将不开，也先就猛攻。两位守将先后战死。其原因和一个叫喜宁的太监有关。

喜宁又是一个败类。他同朱祁镇一同被俘后，一心投靠也先，为也先出谋划策。这个人为何处心积虑要推翻明朝，至今是一个谜。假传圣旨，命守将开城门也是他的主意。他知道紫荆关的虚实，带瓦剌军自小路翻越山岭，内外夹攻。两天后，紫荆关失守。

也先马不停蹄进军,京城危在旦夕。

石亨和也写交过手,知晓也先铁蹄厉害。建议收拢军队,坚壁清野,困扰也先。于谦却另有见解:收拢军队会使敌寇气焰更加嚣张,我方士气不足。他将二十二万兵马全摆开在九个城门,誓与敌人血战到底。

自己和石亨等在德胜门迎战也先。

于谦将兵部事宜交予侍郎吴宁,向全军宣布了著名的军战连坐法:

临阵对敌时,将领不顾军队临阵脱逃的,斩杀将领。部队不顾将领先行退却的,后队的士兵斩杀前面的撤逃者。

治军不严厉等于不治,严重时刻不严厉是会吃大亏。土木堡失利有一个很大的原因是军法不严厉。

此军法公布实施,让将士个个争前效力。

初十。于谦下令关闭九大城门。于谦和将士们在城外和敌背死决战。于谦躬擐甲胄,对将士们道:"立功的时刻到了,为国尽忠的时刻到了,只要我们在,京城就在,大明王朝就在!"说着,流下了满面热泪。

将士们也泪流满面。纷纷表示血战到底。

十一日,也先前锋抵达京师,在西直门外摆开战场。

趁敌立足未稳,于谦着都督高礼、毛福寿出击,交战于彰仪门土城外,明军士气高昂,杀死瓦拉军数百人。还夺回被抢掠的一千多人。夜里,又偷袭敌军成功。

首战告捷,士气大振。

也先起初很跋扈,以为京城很快就能到手,一见防御得铁桶一般,有些踌躇。喜宁进言道:不如假意讲和,朱祁镇在手里,让他们派使臣来迎接。

这种阴柔之术,也只有太监想得出。也先听从了。

但朱祁钰并没有派重量级的大臣来,只临时提拔了两个人,一个是王复,由通政司参议升为礼部侍郎;一个是中书舍人赵荣为鸿胪寺卿,两人前来拜见"太上皇"。

也先和朱祁钰都很不高兴,让两人回去,要重臣于谦、王直等前来谈判,并要大量金帛。

明显是一个阴谋。想扣押重臣,攻破京师。

朱祁钰有些动摇,打发人去请于谦回宫商议,于谦斩钉截铁:今日只知有军旅,他不敢闻。意思是只有抗战到底,没有其他。

朱祁钰还算好,没有坚持自己的意见。

6

明正统十四年(1449)是个让历史记住的年头。这年有三个著名事件:土木堡之变、午门血案、北京保卫战。头一个是耻辱,第二个是愤怒,第三个光荣。

北京保卫战,最响亮。

也先见软的不行,就开始进攻。

当日,天空阴沉,不一时就飘起了雪花。

于谦令石亨埋伏于德胜门街道两侧,以一部分诱敌。万余瓦剌铁骑呼啸而来,石亨挥舞着一把大刀,呼叫着,率军跃出,截断敌军退路。副总兵范广正面冲击,明军神机营的火炮、火铳齐发。顿时硝烟弥漫,也先的弟弟孛罗、瓦剌部的"平章"卯那孩先后中炮而死。孛罗素有"铁元帅"之称,一见他死,瓦剌军立时溃败而退。

瓦剌军又转攻西直门。都督刘聚在壕沟后令火器齐发,敌人见状,又折向西。遇到右都督孙镗。孙镗本有一万人马,可眼下只有五百人,和敌展开激战。一番殊死搏斗后,竟杀退敌人。又一彪敌军杀到,孙镗要求守城的开门,但没有命令开门,孙镗只好又和敌军杀在一起。城头上守军用火器射击。

危急中,高礼、毛福寿自南面赶来助战。孙镗被敌人围在中间,高礼身中流矢,眼看不敌,石亨和侄子石彪领军杀来,瓦剌军大败。

斯时已是黄昏。西直门外躺着极多的尸体。石亨下令收军。

十四日,又是一战。

也先进攻彰仪门。于谦令副总兵武兴、都督王敬等出击。前面是火器开路,继之是弓弩,瓦剌不敌。但太监监军为了争功,竟带数百人马上前,引起军队大乱。瓦剌反攻,武兴中流矢而死。危急间,王竑、高礼等又杀到,瓦剌见状,只好仓皇退却。

德胜门和西直门有很多大炮,但顾虑到朱祁镇在里面,不敢轰击。

后于谦命人侦查到朱祁镇被也先的弟弟护送向西了。十五日夜，于谦立刻令开炮，巨炮齐鸣，炮弹落在敌营里，杀死敌军近万人。

瓦剌军夺路而逃。在逃亡中，又被明军杀死不少。

十一月初八，京城解除戒严。于谦喜极，赋《出塞》诗一首：健儿马上吹胡笳，旌旗五色如云霞。紫髯将军挂金印，意气平吞瓦剌家。瓦剌穷胡真犬豕，敢向边疆挠赤子。狼贪鼠窃去复来，不解偷生求速死。将军出塞整戎行，十万戈矛映雪霜。左将才看收部落，前军又报缚戎王。羽书捷奏上神州，喜动天颜宠数优。不愿千金万户侯，凯歌但愿早回头。

可以如此断言：没有于谦，就没有北京保卫战的胜利。

战后，也先内部引起内讧，就此衰败。

明廷论功行赏，加封于谦为少保，总管军务。于谦则称："四面边境的战事很多，这是卿大夫的耻辱，哪里敢邀功请赏呢！"并坚持辞去加赏，但景帝不准。

于谦请求增加守卫真州、保定、涿州、易州的部署，并派遣大臣镇守山西，防备瓦剌再次南侵。

7

翌年，也先开始派人来讲和，有了新皇帝，老的就没有用了，打算奉还，敲诈一批金帛。于谦不同意，他怕上敌人的当。此间，于谦命人除掉作恶的喜宁。此人不断给也先出诡计，危害明朝。

八月，也先有诚意讲和，请明朝迎回朱祁镇。明朝大臣中以王直为首的也主张迎回太上皇。朱祁钰倒不愿意了，因哥哥一回来，事情就有些难办。一天不容二日。虽说是太上皇，难保朱祁镇不想重新登上皇位。

于谦安慰他："天位已定，岂会有其他的事？自道义上看应马上迎接，万一对方欺骗，我等就有口辞了。"

朱祁钰脸色立即转缓道："你说的是，听你的。"

果真迎回了朱祁镇。

就当时的情形看，不迎回朱祁镇不行，大多数臣子这一关过不去。

于谦一向光明磊落，也不会想到朱祁镇又复辟。朱祁镇回来后，朱祁钰实际是将其软禁起来，置于南宫，由锦衣卫看管。吃饭要从门上一个小洞递送。相当凄凉。

距离复辟还有八年，于谦做了不少事。

继续巩固边防，加强训练。原来有俘虏的士卒都在京畿一带安置，这些人在也先来时往往为内应，于谦把他们分散出去，免除祸害。

派遣都督孙安收复失去的关外八座城池。也先内讧，于谦建议趁机出兵，以雪国耻，但朱祁钰没有同意。于谦只得扼腕兴叹。

南方不少地方民变，先后有福建的邓茂七、浙江的叶宗留、广东的黄萧养各自立国称王，湖广、贵州、广西、苗族、瑶族、僮族等地也蜂拥而起。于谦一一遣将平定。其部署得当，指挥若定，让不少将领钦服。但于谦严厉，不徇私情，也得罪了不少人。

于谦只留心兵事，对石亨等也少了提防。

御史罗通上章弹劾于谦，说他上呈的功劳簿不合事实。还有御史说他太专权。

但朱祁钰信任他。

有几个人最恨于谦。一个是建议南迁的徐珵，此时改名徐有贞，做了左副都御使。一个是太监曹吉祥，此人是王振的党羽。

还有一个是石亨。石亨因战功被封为侯，他很感激于谦，向朝廷举荐于谦的儿子于冕为都督府前卫副千户。于冕推辞，朱祁钰不许。于谦道："国家多事，臣子不该顾及私人恩情。况且石亨身为大将，没听说他提拔隐居人才、军中低级将领、或有助于军队国家的人，却偏偏举荐臣的儿子，能得到公众的认同么？臣对于军功，极力推托却仍侥幸得官，却绝不敢让儿子滥冒功劳。"

石亨由此对于谦大为恼怒。不让自己的儿子做官倒还罢了，怎么扯起我不举荐其他人？

人的心理就是如此微妙，由爱转恨。或许他受于谦之恩就有些不自在，因而恨起来更凶。他不知于谦是个灵魂干净之极的人，见不得丝毫的污秽。石亨本是个有污秽的人，两人迟早要见分晓。

复辟后来称夺门之变，有点戏剧化。明朝皇帝有很多邪门的事。被俘又放回、做木匠、几十年不见大臣、宫女勒皇帝等等。

此时,石亨、曹吉祥、徐有贞等联结在一起。估计复辟的阴谋是徐有贞出的,这人鬼点子最多。小眼一眨就是一个。

景泰八年(1457)正月,徐有贞为兵部尚书。朱祁钰出巡郊外,住在斋宫,疾病发作,不能行祭祀仪,命石亨代祭。石亨守护在病榻前,见其病重,便与张轨、曹吉祥等大臣商议,迎接朱祁镇复位。

十六日夜,没有月亮,天空黑沉沉的。

石亨、徐有贞等带一千余士兵偷袭紫禁城,撞开南宫宫门,接出朱祁镇直奔东华门。守门的武士不开门,朱祁镇上前说道:"朕乃太上皇帝也。"武士只好打开城门。

黎明时分,众大臣到了奉天殿,只见朱祁镇坐于龙椅之上,老皇帝又回来了,都极为惊讶。徐有贞高喊:"太上皇帝复位。"

过程很迅速。

英宗复辟后,朱祁钰被迁至西宫,降回郕王,不久去世。

英宗朱祁镇做梦都想复辟。石亨、徐有贞等是为了自己的利益,老皇帝登基后,自己成了大功臣,可以为所欲为。

8

据说,朱祁镇并不想杀于谦。

徐有贞、石亨等却立即把于谦,王文等下狱。王文是谨身殿大学士。此人严谨有度,很多人都怕他。也先要送朱祁镇回来,他说也先是要勒索金帛、女子等等。传说他要宦官王诚立襄王的儿子为皇储。

徐有贞、石亨要言官弹劾于谦、王文意欲立襄王之子。朱祁镇回复说:"谦实有功。"

徐有贞又说"不杀于谦,此事无名",指复辟师出无名。

英宗无奈,只好下令收押。

有人说于谦谋反,查无实据。

于谦说:"召藩王非金符不可,符藏内府,岂外庭所能得?"

徐有贞说:"虽无显迹,意有之。"

这句话,是秦桧以"莫须有"杀岳飞的翻版。

据说王文不能承受诬陷,极力争辩,于谦笑着说:"这是石亨等人授意罢了,辩解又有什么用呢?”

于谦和岳飞都是铮铮硬骨、光明磊落,这样的人,往往自我保护能力很弱,一旦落入敌手,就只有被杀。他们知道辩解没有用,也不为自己辩解。

他们最要紧的,是坚守住自己的道德。

六天后,即正月二十三,于谦、王文被押往崇文门外的集市问斩。

朔风中,于谦高仰着头。最后看了一眼曾是他指挥千军万马与敌鏖战的地方。刽子手的大刀闪过,一腔鲜血洒了开来……

还在朱祁钰时代,于谦心情不开展的时候,就问自己:“我这一腔热血往哪里洒呢?”没有想到,是撒在了这个地方。

一代忠臣就这样走了。

同时判其子于冕充军,发戍山西龙门。于谦之妻张氏发戍山海关。广东遂溪教谕吾豫称于谦罪当诛族,于谦所荐举的各个武大臣并应连坐被诛。

锦衣卫登记没收他家的财产,家里没有多余财物,只有正室的大锁很坚固。打开一看,只是皇上赐给的蟒衣、剑器。人们都唏嘘不已。

于谦去世后,指挥朵儿,本是曹吉祥的部下,到崇文门外用酒祭祀于谦行刑之地,悲痛哭泣。

曹吉祥极为恼怒,让人揍他,但次日他仍然祭奠如故。

都督同知陈逵感佩于谦的忠义,收敛其尸体埋葬。第二年,归葬于杭州。

石亨被封为忠国公,一时势焰熏天,亲朋部下冒官者四千多人。党羽陈汝言为兵部尚书,不到一年就被举发身败,积藏的赃物达数万白银。朱祁镇很生气:“于谦在景泰年间得宠信,死去时却无余产,陈汝言为何这么多?”

石亨低下头。

后石亨、石彪终于因太嚣张骄横,让朱祁镇受不了,说他谋反,杀掉了两人。

徐有贞早在石亨没死前,被石亨捏了个罪名流放到金齿(今云南保山)。

曹吉祥是个极胆大的人,竟想当天子,问别人,“有没有太监当天子的?”后和嗣子曹钦等真的谋反,被诛灭。

这三个丑陋的人,和光风霁月的于谦有云泥之别。

直到成化年间,于冕才被释放。为其父鸣冤,宪宗予以平反。诰曰:“当国家之多难,保社稷以无虞,惟公道之独持,为权奸所并嫉。在先帝已知其枉,而朕心实怜其忠。”

一个朝代中,像于谦这样心地清亮到极致的人不多,他们赤胆忠心,换回的总是头颅被砍,不过,“砍头只当风吹帽”,在他们是一种荣耀。历史的红线正是由他们贯穿的:岳飞、文天祥、于谦……

林则徐

（晚清 1785—1850）

曾为两广、湖广等三地总督，主张学习外国人的文化技术，被誉为“睁眼看世界的第一人”。虎门销烟，大长中国人的志气，却被发配至新疆伊犁。预言中国领土要被俄国人吞占，后果然应验。

林则徐

林则徐曾为两广湖广等地总督主张学习外国人的文化与技术被誉为睁眼看世界的第一人虎门销烟大长了中国人的志气

麟康画

1

道光二十一年(1841)八月,自西安至新疆的路上,前行着一位五十六岁的老人。老人须发皆白,他就是两年前在广州虎门销烟的林则徐。那时的他,是何等的叱咤风云!但眼前的林则徐是“从重发往新疆伊犁,效力赎罪”的。

将英帝国毒害中国人的鸦片销毁,何罪之有?不要说林则徐想不明白,就是现如今的我们也想不明白。但历史就是这样吊诡,功和罪是瞬息可变的。全在道光帝一句话。当初销毁鸦片后,道光帝得报后大悦。但英国的军舰向北,第一次鸦片战争失利后,道光就要把罪过归于林则徐了。

还是让我们回到两年前的广州。

道光令林则徐为查办禁烟的钦差大臣。正是禁烟将林则徐推到风口浪尖上,成为林则徐毕生的亮点,让亿万中国人就此记住了这位民族英雄。

现在我们见到的深眼高鼻西方人,总是良善、直率、文明的样子。但在殖民扩张时,却暴露出相当丑陋的一面:凶恶、狡诈、贪婪。一是什么地方都有坏人,二是人都有多面性。原始资本积累时,几乎个个都是残暴血腥的形象。可以看作是一群疯狗。

当然列强们并不这样认为,他们说自己是为了帮助落后愚昧的中国人。1792 年,乾隆八十大寿,英国派遣了一个七百多人的使团来,本想敲开中国的大门,和这个神秘的东方大国贸易,但碰了一鼻子灰。回去了。

天朝不需要贸易。

这让英国人看到了中国人的落后,外表强大内里虚弱。四十几年过去,英国变得更强硬,到处炫耀武力,而中国更衰弱。英国人和中国人做生意,处处不满意。

这些人看上了鸦片。鸦片就是毒品。吸食上瘾后,浑身乏力,精神懈怠,能"毁灭人种"。英帝国从印度运往中国害人,赚走大量白银。每年有 600 万两白银流失。

长此以往,国将不国。

每一个有良心的中国人都在呼吁禁烟。

此前,林则徐作为湖广总督在武汉禁烟,规模声势浩大,相当成功。

广州是通商的唯一港口,也成为外国烟贩子的贩毒中心。1838 年广州政府处决一个中国的鸦片贩子,英国烟商竟然出来阻挠,激起了广州人的义愤。翌年 2 月,一万多名群众到外国人居住的旅馆前示威,声讨外国烟贩干涉中国内政的罪行。

1839 年 3 月 10 日,林则徐乘船到达广州的天字码头。九声炮响过后,林则徐走下了船。珠江两岸站满了人,争睹钦差大臣的风采。两广总督邓廷桢和广东巡抚怡良等前来迎接。邓廷桢是江苏人,和林则徐有共同语言。怡良是满洲人。

当天林则徐住在布政司后街的越华书院。

翌日,就在辕门外张贴告示,宣示禁烟。

紧锣密鼓:

18 日,发布两个谕贴。令外国鸦片贩子限期上缴鸦片,并具结保证永不再夹带鸦片。

19 日下令禁止外国人离开广州。

21 日下令包围商馆。

22 日下令查拿英国著名走私鸦片贩子颠地。

大刀阔斧式,林旋风式。

他表示:"若鸦片一日不绝,本大人一日不回,誓与此事相始终,断无中止之理。”

颠地是英国人,善于走私,他开的“宝顺洋行”有专门的走私快艇。林则徐来广州前,就令邓廷桢调查他。

林则徐有细致处。每上缴一箱烟,赏五斤茶叶。缴四分之一,可以回夷馆。缴一半,可以坐舢板往来。缴四分之三,恢复贸易。

林则徐聪明。事先召集粤秀书院、越华书院、羊城书院三大书院的六百四十五学子“考试”。四道试题很怪:

1. 鸦片集散地及经营者姓名;2. 零售商;3. 过去禁烟弊端;4. 禁绝之法。

这哪里是试题?就是调查嘛。

学子们很兴奋,纷纷写上了答案。

林则徐限定缴烟具结的时间为三天,颠地以为林钦差和以前的官员一样,只要贿赂就了事。但颠地打错了算盘,林则徐是黑脸包工。十三行洋商共同商议,想只缴 1047 箱过关。林则徐不依,命缉拿此人。

24 日黄昏,义律来到广州。

义律全称为查理义律,年近四十。英国贵族出身,海军大校,作风强硬。为英国驻华商务总监督。据说此人也反对鸦片走私,主张公平贸易。但此时他以为本国利益受到伤害,就站在颠地一边。

义律到颠地住地,保护颠地。

2

一场严重较量。

林则徐听说义律和颠地要逃,便“将停泊黄浦贸易各国夷船先行封舱,停止买卖,一概不准上下货物,各色工匠船只房屋,不许给夷人雇货”,“省城夷馆买办及雇用人等,一概撤出,毋许雇用”。并申明,如继续违抗,就“永远封仓,断其贸易”。

义律只得书写文告,敦促外商缴烟。并说外商的损失,由英国政府承担。

5 月 2 日,恢复商馆交通,取消封港。但十六名鸦片贩子仍受监视,不准离开广州。

直到5月18日，共收缴鸦片19187箱和2119袋（一袋相当于一箱），比义律原报的20283箱，还多收缴1306箱。

颠地和其他鸦片贩子等奉命具永不再来甘结后，被驱逐出境。

义律还是低估了林则徐。他没有想到林则徐会把如此巨量的鸦片销毁，他推测中国可能对鸦片实行专卖，从而使鸦片买卖合法化。

林则徐目光如炬，看到西方列强会侵略中国。他最少做了三件事：

一、翻译书籍。组织班子翻译英国人、瑞士人的《世界地理大全》、《国际法》等，后来合起来叫《四洲志》。让国人了解世界。史学家范文澜称林则徐是“睁眼看世界的第一人”就是在这个意义上说的。

二、自外国秘密购置二百多门大炮，配置在海口，准备打仗。

三、组织官兵演练，会同总督、巡抚、水师提督检阅部队。

六月三日，艳阳天。

林则徐、邓廷桢等来到虎门监督销烟。

虎门好。中国是一只虎，只不过睡熟了。或者如拿破仑所说是“一只睡狮”。

四周有大量把守的军卒和围观的民众。据说也请英国人到场观看，但没有来。只来了美国人。

销烟池在东莞县太平镇口，南临珠江，北靠牛背山，西为镇口关隘。

两个大方池子，长宽各四十五米。池底平铺石板，四周栏桩钉板，池旁开一涵洞，池后通一水沟。邓廷桢一声令下，销烟开始。池内蓄满水，工人将盐撒在池内，成浓盐卤水，又将鸦片分批投入池内，用浓卤水溶化。然后再投入生石灰搅拌，马上引起反应。爆炸开来，浓烟滚滚。再被海水冲走，涓滴不留。

直到二十五日，2376254斤鸦片才全部销毁完毕。

为何要这样销毁，而不是点一把火烧掉。据研究说，用火焚烧后，鸦片成油渗入地下后，还能照样熬制称膏。

国人拍手称快。

洋人咬牙切齿。他们认为鸦片是私有财产，所以他们要报复，教训看不起他们的中国人。

这一果决的行动，让世界瞩目，让林则徐升华为民族英雄，也有人称为民族魂。可近些年来,竟有人说林则徐是历史罪人。说林则徐禁烟是铁腕蛮干,导致了第一次鸦片战争。倘若有灵活的外交,当不致引起吃了大亏的战争。

有这样的好事?一个强盗瞄准了你的财物,你能劝说他停止行动?何况在抵抗侵略上,有时未必要计算胜败得失。不然,为何有那么多的弱小民族抵抗列强的侵犯?此时需要的是大义凛然的血气!

且看义律怎样行动。

义律早在3月22日就向国内的外交大臣巴麦尊报告,说林则徐禁烟是"不可饶恕的暴行",是"突然而残酷的战争罪行"。显然说林则徐是历史罪人的人是和义律站在一起。

巴麦尊最听不得有暴行的话,早在1933年,他就指示和中国人贸易,要建立军事据点。

3

1839年是多事之秋。

7月7日有一伙英国水手,来到九龙尖沙咀的小酒馆。大概是思乡,还有骄横等,酗酒、唱歌、闹事,斗殴。

斗殴中,村民林维喜伤重死亡。

林则徐毫不迟疑地要求英国人交出凶手,按大清律要水手中的一人来偿命。但义律不干,只同意赔偿死者家属并惩办所有参与此事的水手,拒绝交出一人来杀头。

双方僵持不下。

林则徐禀报道光同意,8月15日下令禁止一切贸易,并封锁了外国在广州的全部外贸企业。

义律在9月5日派特使要求林则徐解除封锁,恢复正常贸易关系。

英人不交出凶手,林则徐拒绝了义律。

当天下午,英国军舰即向封锁他们的中国战船开炮。

远在伦敦,英国国会做了表决,支持派遣军舰侵华。翌年四月,英国会激烈辩论,以271票对262票通过进行军事行动。六月,懿律率领英国舰船40余艘及士兵4000人,自印度出发到达中国海面,标志着第一次鸦片战争正式开始。

直到今天,学者们还在争论战争的起因,到底是禁烟还是禁贸?当时的道光也是一头雾水。其实两个原因都有。不管是禁烟还是禁贸,都伤害了列强的利益。即便没有这两项,他们也会寻找借口侵略。印度早已是他们的殖民地,他们看中了东方大国的这块肥肉。为何不派兵呢?

于是,广州、厦门等地的海口被封锁。浙江定海(今舟山)被占领,英军又以令人吃惊的速度,北上抵达天津大沽口。

道光慌了神,他怕英军的大炮对着北京。他认了输。道光不是雄主,一生知道简朴,满朝人正穿带补丁的衣服。也搞过一些改革,收效不大。输了又不甘心,打打停停,停停打打。左右摇摆,最后签订了《南京条约》,割地,赔款。

屈辱的时代总有被冤枉的人。

岳飞是。林则徐也是。

道光还不是赵构,没有杀林则徐。只是贬官到新疆伊犁。这样做的好处有二。一是让英国人看,二是也让林则徐服帖。一箭双雕。

道光不仅惩罚了林则徐,同时发往新疆伊犁的还有邓廷桢。

林则徐其实有思想准备。

著名文学家龚自珍当时为礼部主事,和思想家魏源、林则徐都是宣南诗社成员。他力主禁烟,并主张吸食者处死。他写信要跟随林则徐去。林则徐没有同意,后来复信说"事势有难言者",要本家持信当面告诉龚自珍。意思是有些话不能写在纸上,怕以后落把柄。

什么话呢?

不外朝中不少重臣不同意禁烟。如军机大臣穆彰阿,直隶总督琦善。再者道光的脾性不定,容易反复。英军又极为强大,难免报复。

但不管怎样有准备,遭贬总不是愉快的事。林则徐心情很灰暗。

我们今天看,就加速两千年帝制崩溃上看,外国人进来是一种催化剂。起码让夜郎自大的中国皇帝认识了世界之大。也让林则徐有认识,来广州前,他以为洋人的腿不会打弯。因为见了中国皇帝不跪。

4

时光继续倒转。

乾隆五十年(1785)七月二十六日,林则徐出生在福州侯官(今福州市)西门街定远桥。其父林宾日为贡生,在当地教书。

生活很清苦,林则徐是十一个子女中的次子。

见母亲很辛苦,小则徐"请代执劳苦或推让饮食,辄正色曰:'男儿务为大者、远者,岂以是琐琐为孝耶!读书显扬,始不负吾苦心矣。'"

要儿子读书成大器,是所有母亲的理想。和今天的母亲一样。

林则徐是父母骄傲的资本。八、九岁就有"海到无涯天作岸,山登绝顶我为峰"的诗句,可见胸襟之大。

胸襟大小是衡量日后能否成才的一个标准。

一家人常吃的是豆腐,但和睦融融。

河南永城县知县郑大谟不知怎么认识了林宾日,这人眼毒,一见林则徐,就说这小儿日后要为大器,急忙将女儿郑淑卿许配给林则徐。郑大谟是进士,林宾日是贡生。差得太远,但郑大谟看到了未来。

果然,林则徐十四岁做了秀才。

鳌峰书院在今天福州市鼓楼区,当时为福州最高学府。山长是郑光策,这是个骨骼很硬的人。虽是进士,但一生没有做官,只是教学。

郑光策喜欢这个眼睛有光的学生。

南宋李纲和明朝于谦的磊落形象,让林则徐倾慕不已。两人都是福州人,李纲力主抗金被贬。两人的墓地年久失修,林则徐和友人一起发起行动,修葺两位爱国者的墓地。

嘉庆九年(1804),二十岁的林则徐中了举。一家人大欢喜,迎娶了郑淑卿。郑淑卿比林则徐大一二岁,但两人很恩爱,林则徐后来官很大,但并不妻妾成群,只有郑淑卿一人。据说郑淑卿刚进林家,由富家到穷家很不适应,还偶尔发过脾气,但很快就成了家庭主妇。

不过通往仕途的路,并不很顺利,此后三次会试,都名落孙山。但不要紧,林则徐有的是毅力。他给巡抚张师诚"打工"做幕僚。

张师诚是老官僚,深通官场事物,人又正直。当初他发现一个地方的贺禀写得好，就传该县的师爷到衙。知县以为出了什么乱子，吓得不得了。张师诚见到二十一岁的举人后，很惊讶。特意令人找来一份厚重的卷宗，要他连夜看完后写出奏折，明天急用。当夜却在馆舍外放鞭炮，干扰林的思路。翌日清晨，林则徐写好了折子，张师诚又故意改动数字，令其重新誊缮。他要考核这个年轻人。

林则徐工整小楷完毕，张师诚大悦：不仅迅即充沛，还有毅力耐力。这是官员的基本素质。

厦门海防同知书记，就是专管处置商贩洋船来往，米粮兵饷记录。这一阶段，让他认识了贪官的手段，鸦片的走私以及官场种种的丑恶。

5

林则徐在张幕府五年，为进入官场做了很好的准备。

个头不高，眼小但锐利。声音洪亮。

嘉庆十六年(1811年)，林则徐终中进士，殿试高居第二甲第四名。是年二十七岁，正是有为之时。同榜进士还有后来大出名头的曾国藩。

通往高台阶的过程很漫长。

在翰林院当了七年的庶吉士。有点苦熬的意思。他也有苦闷，加入了宣武门南的宣南诗社。都是翰林院的小官，大家在一起宣泄一通：饮酒、赏花、观碑……林则徐并不常去。

风雨飘摇的清朝，已让不少敏锐学子注重“经世致用”，林则徐喜欢水利，著了《北直水利书》。结交了黄爵滋、龚自珍、魏源等。三人都务实，后来都是禁烟的倡导者。黄、龚尤其尖锐，主张严厉惩治。魏源则是思想家，比同辈人超出很远。

期间，林则徐有四个子女出生。二百两银子的年俸不够用，间或他还在书塾教教书，或卖字。

此人并不一味锐意进取，不少时候他选择退让。心理原因不清楚，也许受道教影响，他很羡慕在北宋时隐居杭州的林和靖。

嘉庆二十五年，林则徐为江南道监察御史，和琦善有了矛盾。

琦善并不像人们传说的是个庸才，此人在官员中算得上能干的，据说有不少人怕琦善。在刑部时有“白面包龙图”之号。此时他为河南巡抚，这一年，黄河南岸河堤决口。琦善是清朝背景，但林则徐照样参了他，说他办事不力，引起同僚的不满。

这也是林则徐和琦善首次结下的芥蒂。

林则徐受不了这污浊，正好老父亲有病，他干脆辞了官，回家奉养老父。

到家后，老父病愈。对他辞官有看法。半年之后，老父再三督促他重入仕途。

道光很看得上林则徐，欣赏他的工作精神，破格着其为江苏按察使。

据说林则徐喜欢酒和棋，但为官后，就戒了这两样。走“政治钢丝”，这两样不戒不行。这是种清醒。

处理积案，明察暗访，禁止鸦片等。

这一年，江苏有水灾，地方官赈灾不力，引起饥民闹事，饥民拥入府署，打了知府。起因是娄县（1912 年并入华亭县，今上海松江）知县上报松江知府受灾情状，松江知府以报灾期限已过而阻止。

知府大为恼怒，说是“造反”，上报巡抚韩文琦，派兵弹压。但林则徐极力反对，只将殴打知府的严海观处决，其他 17 人流徙。

林则徐清楚事情是因官吏赈灾不力引起的，不能看作谋逆。他也处置了官员：娄县李传簪革职，发军台效力赎罪，松江知府杨树基交部“察议”。

民生民瘼，在他眼里相当重要。

“政治钢丝”不好走。走好了，百世流芳，名垂千古。走不好，死有余辜，遗臭万年。但走好走不好又怎么说？朝廷往往和民众对立，倾向于哪一方？改革和保守犹如水火，站在哪一面？

林则徐当然是要改革。朝廷和民众嘛，只能找最佳的契合点。

6

道光四年（1824），林则徐四十岁，不惑之年。成了清廷的顶梁柱。

江宁布政使只干了一年，就奉旨总办江浙七省水利。到任不久，母亲病逝，他返乡守制。十一月间，江苏高家堰十三堡、山盱六堡被冲决，洪泽湖水外灌,和洪泽湖相连的淮河水位下降,影响了漕运,而漕运是清政府维系京都百官生活的动脉。道光急令林则徐"夺情"上任。

这件事很怪,林则徐并不谙河务,道光为何要用他?不怕他把事情搞砸?看中的就是他的正直、聪明、苦干。

林则徐是个工作狂,一旦投入,可以想象他会怎样夜以继日。

细节太多,不去说。

他累倒了,旧病复发,不得已只得又请假。后清廷又命他为两淮盐政,这可是肥差。曹雪芹的祖上就做过两淮盐政。但林则徐以持服未满辞掉。他不是贪财之人。

这就叫品德。

朝廷内这样的人多,就会形成良性氛围。可惜并不多。

林则徐又先后为湖北、河南、江宁布政使。

他心界很高,视野很宽。

黄河的事大,总是决口。道光又把河东河道总督交给他。道光不相信别人,肥差啊。有人削尖脑袋要这个差事。

他对道光说实话,说河工的事务与地方不同,地方的事有旋转余地,但"河工事多猝来,计不旋踵,苟胸无定见,一事被蒙,毫厘之差即成千罩之谬"。说了不少,道光仍要他去。

到任后,拿掉不称职官员顶戴,严把施工质量关等等。

一年后,又为江苏巡抚。江苏多水患,一到江苏就注重水利。七浦是太湖的通江河道,常熟的徐六泾口是长江口,容易淤塞。林则徐令民工疏通。又修浚太湖之茆淀,三江口之宝带桥等。

是年七月大雨如注,洪水暴涨,但河道畅通,没有造成灾害。

在江苏六年,因成绩卓著,道光十七年为湖广总督。距离虎门销烟还有两年。他已经盯上了鸦片贩运。

贩子们太猖狂了。

查看历史,自乾隆三十八年(1773),东印度公司就把鸦片从孟加拉运进中国。被毒害的中国人有多少,没有人说得清。有人估计二百万,有人说四百万。

还不光是吸食的问题,中国官员也一起走私,谋取暴利。远在欧洲的马克思也说:"和鸦片走私相连的贿赂行为,使南方各省中国官吏的风纪败坏净尽”。

清王朝屡禁不止。上有政策，下有对策。

一个叫许乃济的太常少卿提出“弛禁”：鼓励种烟，销路敞开，让洋人无利可赚。他预言，二十年后，大烟自绝。

近乎异想天开。

义律听说后很高兴。

林则徐、黄爵滋不同，以为重疴当用猛药，不但吸食者论死，开烟馆的，贩烟的以及官员都当论罪。他的局限在于不知道天朝已病入膏肓，猛药有可能加速死亡。

他收缴烟土一千多斤，烟枪近两千杆。湖南巡抚钱宝琛也收缴烟枪两千多。

道光还在摇摆之中，接到林则徐的奏折。林说国家的钱票风波即金融危机，就是来自鸦片。

道光醒悟。十八年(1838)九月二十三，令林则徐进京觐见。连续八天召见。

于是发生了上述的虎门销烟。

7

还要说的是，林则徐在澳门。

广州禁烟后，烟贩子转移到了澳门。澳门历来是中国的领土，嘉靖三十二年被葡萄牙人租居。主权仍在中国。1939 年 9 月 2 日，林则徐到澳门巡视，宣布禁烟令。

林则徐有很强的国土意识。后面还要说。

道光二十年九月二十五，林则徐被革职“严加议处”。是应英国人要求处置的。

民众听说后，反应十分强烈。“铺户居民来攀辕者，填于衢巷”，并送靴伞、香炉、明镜及颂牌等。颂牌上写着“民沾其惠”、“夷畏其威”、“烟销瘴海”、“威慑重洋”、“勋留东粤、泽遍南天”等。

可见民心所向。

翌年三月，林则徐以四品卿衔调浙江效力。他到镇海的第二天，就投入紧张工作：视察炮位，造炮制船，做好对付英军的准备。但一个多月后，又被革去四品衔，发往新疆。

说道光无定见，也不确切。他把林则徐和琦善看成左右手，一手软，一手硬。硬的不行，就来软的。

林则徐心情灰暗，但并不沮丧。在此以前，他一直顺风顺水。这次就人生来说，是个挫折。但他还是要爬起来。

农历五月二十六日，林则徐自镇海启程，沿浦江，经宁波，再沿姚江、上虞北上，准备赴戍。“大小文武皆送于郊”。

天虽热，但人们感到了悲凉。

六、七月，至镇江见到了老友魏源，林则徐把《四洲志》交给魏源，要魏源编一本书出来。魏源后来编了《万国图志》。明确提出“师夷之长技以制夷”。

七月三日，在扬州，接到上谕，要其到东河效力。黄河在开封决口，水灾遍及河南、安徽。一直支持他的东阁大学士王鼎为河道总督，不想让他到边远之地受苦，奏请他协助治河。

他作为罪臣，没有权力，掣肘的很多。但还是完成了黄河的堵口工程。王鼎要求罢免对林则徐的处置。

第二年三月，英军加紧攻势，道光又降旨让林则徐到伊犁。送林则徐上路时，王鼎哭了。

五月，林则徐自古城洛阳到西安。八月，与老妻话别，由两个儿子陪着，动身前往新疆。一路上颠沛流离，四个月零三天后经兰州、哈密、乌鲁木齐到达伊犁的惠远城。伊犁在新疆西部，距离乌鲁木齐还有一千多里。

十二月，正是天寒地冻之时。一个南方人，从未见识过如此寒冷的地方。所幸的是，他见到了先期到达的邓廷桢，两人都分外激动。

文章短小，容不得说一路的艰辛。他还有不少大事得说。

新疆五年，是磨炼他意志与毅力的五年。“伊犁”“毅力”，好谐音啊。林则徐一定想到了这点。

一百一十七年后，著名作家王蒙因写了一篇小说，被弄成右派，从北京发配到伊犁十几年。

将军府在惠远城，将军布彦泰是个有眼光的人，很欢喜他。让他掌管粮饷。布彦泰正在开垦惠远以东的土地，想解决水的问题。林则徐几乎可以说是水利专家，这让布彦泰极为兴奋。

有实事干，林则徐老眼放光。他建议布彦泰捐资修建，并主动认领龙口工程。龙口是碎石坡，最艰难。但林则徐不怕。他要表现自己，让皇上转变看法。有友人和亲属要捐资纳赎，就是用钱赎他出新疆。他拒绝了。

一味用高尚来形容林则徐，是过度的解读。他清楚自己的处境，道光定下的案子，怎么赎?

大渠宽三丈至七八丈不等，深五六尺到丈余，长六里多。四个月后，大渠竣工。布彦泰来视察，看着宽大结实漂亮的工程，信服了。

他热情洋溢上奏道光，请免除林则徐的罪。

但道光没有，而是让林则徐到南疆勘查垦地。有人说道光流放林则徐，是要把他往死里整。其实还不是。只是惩罚。在皇帝眼里，惩罚是应当的。到南疆，更艰苦，又这么大岁数，能受得了？但皇上不考虑这个，受不了是你活该！

某种程度，能到南疆也是信任。

8

1845 年 1 月，还是冰天雪地的时候，林则徐就自伊犁启程，同喀拉沙尔办事大臣全庆经乌鲁木齐前往南疆，至库车、乌什、阿克苏、和田、叶尔羌、喀什噶尔等八城。调查垦地亩数、回汉之间关系等，并提出处置意见。

是年七月，道光命邓廷桢为甘肃布政使。林则徐为老朋友高兴，也看到了自己的曙光。

七月中旬，林则徐回到哈密，道光又令他前往吐鲁番。就在这里，他发现了坎儿井。当时叫卡井。维语叫坎儿孜。是百姓的创造。其实是暗渠和竖井的结合。当地是荒漠，气温高，水分容易蒸发，就让水从地下走。

年底，道光终于免除了对林则徐的处分，署其为陕甘总督。三品顶戴到头上。林则徐长长出了口气。

他争到了光明。

青藏和陇西有矛盾，汉藏之间，藏族之间都有繁杂的矛盾。

以藏民为主的一伙人，抢劫什么的，闹得很凶。

黑错寺属西宁府。有喇嘛八万，寺院头领就是农奴主，纵容手下横行不法，成为不安定的因素。

寺僧到姚州抢劫，杀害土司杨国成。土司是朝廷委派的官员。这就是不把朝廷放在眼里。官兵去缉拿凶手，被杀害多人。林则徐以为是反叛，主张武力镇压。后又数次增兵。

就这次镇压，有不同意见，有人以为林则徐埋下了汉藏不和的种子。这是片面的看法。和要讲，但不能牺牲根本利益。林则徐只是对超越了界限的极少数才动武。

道光二十七年(1846)七月，林则徐又为陕西巡抚。

陕西“刀客”不少，经常作乱，林则徐没有动用大规模武装，就得以平息。他做得最多的是救灾。旱灾让田地歉收，百姓困苦。他缓征粮，保护耕牛等。

不到一年，又调做云贵总督。

云南也有回汉之间的械斗，很厉害。上任前有几处发生，前任都是采用高压政策，导致事态激化。林则徐一到，就详加调研，以为不可用兵。这和黑错寺不同，那是谋逆，这是民众的械斗。

要使回汉相安，必得化导。

当然也不排斥用兵。即便汉族也不行。十一月，保山汉族中竟有人鼓动数十万人，抢劫被押人员，杀人暴乱。

林则徐露出铁腕，既政策攻心，又严厉镇压。最终惩办首恶四百多人。

他很明确：不管是回是汉，只分辨好和坏。

就在这一年，老妻病逝，林则徐沉痛不已。

林则徐玩命样工作，终于旧疾复发，走一步就发喘，咳嗽，疝气，脾泄等。他已经六十六岁。意识到生命尽头离自己不远，道光二十九年六月，即1849年8月，他提出辞职。

九月，获准回乡。他扶着老妻的灵柩，离开贵州镇远，入湘江。

次年一月，长沙的湘江还是朔风之中。

船舱内，他和左宗棠谈得热烈。两人以前从未见过面。但一见倾心。左宗棠比他小十几岁。还没有官职。据说，林则徐拿出了自己在新疆绘制的地图，交给了左宗棠，寄厚望于左宗棠，说："将来东南洋夷，能御之者或有人：西定新疆，舍君莫属。以吾数年心血，献给足下，或许将来治疆用得着。"果然二十几年后，沙俄企图侵吞伊犁，左宗棠收复失地。

福州城内。

吸食鸦片的已然过半，林则徐看着愤怒而心疼。

有英国传教士硬占神光寺，激起民众反对。林则徐站在民众一边，支持斗争。联名上书巡抚，拒绝英人入城。

这一年，道光病死。咸丰登基。

洪秀全的太平军在广西起事。咸丰命两广总督徐广缙前往镇压，但不济事，越压越厉害。

九月二十八日，令林则徐为钦差大臣，前往广西。

尽管在病中，林则徐毅然领命，接到圣命就星夜兼程，驰往广西。这天是十月初二。当时长子林汝舟随侍，劝老父节劳。"公慨然曰：二万里冰天雪窖，只身荷戈，未尝言苦，此时反惮劳乎？口占一联云：苟利国家生死以，敢因患难避趋之。"

十三日至广东潮府城，疾病加重，又吐又泄。但仍前行不止。十八日，到广东普宁的洪洋镇，住在洪洋书院。

凌晨大呼："星斗南！"而逝。

三儿林聪彝在身旁。

事后，有人说林则徐是被洋行的人买通厨子，在饭里下巴豆害死。"星斗南"是"新豆栏"，商行所在地新豆栏街。

但也有人说可能性不大。应是痢疾。

潮州市民"皆罢市巷哭，迎柩回郡，通城缟素，奔丧行馆者日数千人"。

左宗棠闻讯后，撰写的挽联足能表示林公的一生：

附公者不皆君子，间公者必是小人，忧国如家，二百余年遗直在；

庙堂倚之为长城，草野望之若时雨，出师未捷，八千里路大星颓。

在我们今天看来，禁烟是他一生的亮点。

巧的是，国际禁毒日正是虎门销烟后的第二天：6 月 26 日。

影响中国历史进程的人们

何谓名臣？顾名思义，就是有名气的大臣。唐代的吕延济说："名臣，谓有贤才，立功业，垂名于后代者也。"这话不错。

所谓贤，就是贤德，要忠于社稷，大节不亏。当然还要有才，有才方能治国。功业显著，可为后世楷模。是大写的人。

一般是皇帝对前代大臣的褒扬。汉明帝曾把三十二个开国名臣的图像画于南宫云台。自然是开国功臣的意思。唐代自李世民开始画开国名臣在凌烟阁，到唐代结束共 100 多位，除了开国，治国也算。范围扩大了。

另外是史家心目中的名臣。可以这样说，对朝廷有大功勋、大建树的臣工，就称之为名臣。有些是受到当朝皇帝首肯的。比如魏征，李世民就说他比诸葛亮还强。也有在当朝不受欢迎，后来肯定的。这样的也不少。名臣忠直，好得罪人，皇上不喜欢，小人更是陷害。闹不好就被冤枉，不是被贬，就是杀头。

中国何时有名臣？具体时间不好划定。有君王就有名臣。传说最早的怕是舜时的契，帮助大禹治水。

中国历史悠久，名臣的产生时间也会居世界前列。不但时间，就是数量，也较世界上哪一个国家都要多，主要是历史绵长，没有断代。

1

名臣在当时无论如何有名，现在拿出来说有何意义？

意大利著名哲学家、历史学家克罗齐说:一切历史都是当代史。意思是我们现在还活在历史的精神中。制度虽然变来变去,但人性没有变。人心没有变。还是善恶交织。

名臣也是善恶交织,但他们中的多数将恶锁在牢笼里,释放出来了善的一面。我们当今的世界并不完美,也有不少恶的一面。人类在向前进的时候,能尽量积善去恶,当是没有错的事情。

皇帝之所以为他们画像,也是要后人以这些人为楷模,来维护他的统治。就是维护专制制度。

今天我们看专制制度都是毛病,从秦始皇开始一贯制,两千多年。其实,专制制度的产生,不是偶然的。能延续这么长时间,也不是偶然的。中国地处内陆,以温带大陆性气候为主。不像西方,海洋性气候为主。据说爱尔兰人落拓不羁,就和当地变幻不定的光线有关,总让人处在梦想或绝望之中。再者是人多面积大,不像西方是联邦,小岛国比较多。不容易治理。没有专制制度不行。比如治河,没有统一号令,很难治理。中国人性格比较温和,产生的儒教也温和,大约和气候也有关。一旦找到适合国情的形式,就容易固定下来。

专制制度在很长时间内,起到领先作用。就是到清朝的乾隆时代,经济还是相当领先。

专制制度是什么?就是要所有人听皇帝一个人的。这个人倘若是个明君还好说,昏君就难办。就是明君,也有犯糊涂的时候。这时就需要"文官死谏"。为了君王的天下,死几个文臣又算得了什么?有时甚至是成批的死,君王还是不清醒。冒死谏诤是国家的大幸,在个人是美德。想想是种悲哀,一个人的生命就为了天子而存在。

名臣用现在的话说,就是优秀的政治家,政治精英。不但中国有,外国也一样,且质量一点不比中国的差。西方联邦制的名臣和中国有一点不一样,就是不会死忠于某个人。这是一种进步。日本则和中国差不多。

名臣不是皇上的心脏,但是皇上的左膀右臂。皇上尽管有能耐,也必得有人支持帮助,国家机器才会运转。想想看,中国历史要没有名臣,会是什么样子。

名臣应该是中国历史的骄傲。

名臣的定型，应该是汉代以后。汉以前也有不少名臣，但相对来说，不如汉以后。董仲舒的“独尊儒术”和“三纲五常”后，强调对君王的忠诚，既是对百姓的约束，更是名臣的准则。

伴君如伴虎。不少时候名臣很尴尬。有些舅舅不疼，姥姥不爱的样子。名臣的心理也很纠结。整个生命献给皇上，还不说好。好比一辆马车，皇上坐中间，亲自驾驭。名臣在旁边。皇上总要跑偏，他就要纠正。皇上就不高兴。其次还有小人的暗箭。名臣不喜欢小人，小人也不喜欢名臣。故而总是被射中。另外还有名臣要介入皇储的争斗。按说是皇上一家的事，名臣是外人。但名臣早把国家和皇家看做一回事。介入不好，就犯错。寇准两次介入，第一次成功，第二次失败。

名臣的思想框架以儒家为主，兼有法家，或道家、释家。多数是儒家，因儒家占主要位置。法家也有，如商鞅、王安石等。

著名历史学家钱穆曾说，汉代以后皇帝不当家，实际权力在政府手中。也就是宰臣手里。这个观点受到质疑。不少时候，尤其是开国之君和有为之君，权力极大。宰臣只是帮忙的。此时的名臣如唐太宗时的魏征，只是提合理化建议，落实政策等。也有钱穆说的情况，比如皇帝很不愿意做，如明朝的木匠皇帝，还有几十年不见臣子面的，这时候，宰臣的权力就大，影响也大。还有一种情况，是皇帝放手，让宰臣去做。如王安石、张居正时期，宰臣多有创建。

名臣是时代的佼佼者，大致有六点特征。

首先是位置高。站在比较高端的位置，话语权才会大，影响才大。不少都是宰臣，如萧何、霍光、姚崇等等。

其次是大德不亏。大人物讲大德。此处大德有二。一是忠明君。绝大多数对君王忠贞不贰。忠明君就是爱国。二是以民为本，救苍生于水火之中。二者有矛盾之处，但名臣总能找到契合点。抑或有所侧重。德性不好，很容易倒塌。

再者是才高八斗。主要是行政能力超众，韬略手段优秀。不优秀，就会淹没于众多的官僚之中，难以出类拔萃。

第四是头脑敏捷，行事风格果断、爽利。没有几个名臣是黏黏糊糊。出手快，才能占尽先机。

第五是专权。不少名臣都喜欢独断专行。似乎不这样就成不了名臣。霍光是这样。谢安不独断，很快被别人赶下去。寇准也专权。

第六有雄心，没野心。有野心就会篡权，不少名臣离皇位仅一步之遥，但始终尽自己本分。霍光就是显例。

2

名臣有时能成批出现。名臣多，是朝廷的福气。苏轼就说仁宗朝名臣多。如范仲淹、狄青、包拯等等。

名臣的世界观和处事风格显然和隐士相对。孟子说："穷则独善其身，达则兼善天下"，后来人们改成"达则兼济天下，穷则独善其身"。把得志为百姓造福放在前面，也可说是适应形势。隐士认为官场是污秽之地，生怕沾染身上灰尘。而名臣们不怕。似乎他们神经坚强，或者有消毒措施，把官场当成自己起飞的跑道，锻炼的平台。

任何东西都是两面性。官场也一样，既是污秽之地，也是为百姓造福之地。不入官场，焉能为百姓造福？

就性情来说，名臣们也许不会太厚道。厚道应付不了官场尔诈我虞的复杂场面，会败北。

我对名臣的成才之路感兴趣。

大凡名臣，起码要经过三部曲，有的更多。

其一，立志早。人生就是几十年，早立志，早成才。大器晚成，毕竟是少数。我们不一定相信有些过分的吹捧，某某几岁就写得一首雄心万丈的诗。这诗有可能是后人编造的。但立志早晚真的和成才有很大关系。对自己的前途要有丰富的想象力，不要局限于眼前的环境。

二是不懈追求。名臣基本是处在金字塔顶，朝这个方向努力的人很多。除了机遇外，不懈努力就很重要。要一步一个脚印，务实肯干。在障碍和荆棘面前不灰心，来自上面的，同事的，矛盾多多。即使到了高端，也会一个闪失，跌倒下来。

三是头脑始终清醒。成为名臣前，清醒容易，但为名臣后，清醒就难。即便是伟人，也很难保持。

不知为什么，名臣都喜欢内耗。也许是越往宝塔尖，争夺得越厉害，不得不内耗。古代如此，现今如此。外国也如此。有些内耗，现在看纯粹是意气用事,浪费才情,但当时似乎不得不如此。这也和专制体制有关。和人们的物质生活水平有关。西方现在,内耗要好些。

名臣在历史上的作用,不能说超过皇帝,但也很大。起码是影响了中国历史。

两千年帝制不倒,就某一方面说是缺点,是悲剧。名臣们跳来跳去跳不出这个怪圈,只有少数人碰了壁,才做了隐士。原因还在专制,限制了人的发展。但从另一方面看,也是成就。这两千年,名臣起了大作用。他们千方百计维系这个制度,从来没有想到要推翻过。

名臣多数是悲剧。

有社会原因,也有性格原因。

社会原因还是君主专制。遇到明君就好些,昏君就完了。但忠臣的怪圈就在是昏君还要谏诤。悲剧就发生了。

性格原因好说,一条道走到黑的执著。如上个世纪六十年代的彭德怀,也是这样。

著名的英国剑桥大学汉学家李约瑟教授曾有百年疑问:世界五大文明体系中,为何唯有中国文化体系未曾断裂?

世界五大文明体系是指:古希腊文明、两河流域文明、古印度文明、古华夏文明和古玛雅文明。

原因很多,有说是汉语起作用。有说是地域的缘故,外国文化难以进来。就是进来也会同化。但我以为名臣不可小觑。他们不仅维系了专制制度,也维系了传统文明,维系了华夏精神。如诸葛亮的“鞠躬尽瘁死而后已”,范仲淹的“先天下之忧而忧,后天下之乐而乐”。他们在当世的意义,可能并不显著。但后世会爆发出无比的能量。后来者奉他们的精神为典范,张扬中国文化以及文明。

3

萧何为后来的名臣树立了榜样,踏实,有眼光,一点不张扬自己。刘邦对他的定位是准确的。但尽管这样,刘邦还要怀疑他。

现在看来,萧何的功劳应该是汲取秦亡的教训,减少秦的苛法,减轻百姓的赋税,让天下百姓安乐。为后来的繁荣打下良好基础。曹参很好地理解了萧何,才有"曹随萧规"。名臣中如萧何这样平和的极少。

霍光是影响汉代历史的一个人物。

有几个关键词:深思、果敢、专权。

后世对霍光专权褒贬不一,多数持肯定态度,认为霍光虽专权,但在汉昭帝时代举足重轻,不可多得。少数人喜欢拿他和王莽相比,其实是在维护封建制度,怕有人僭越。

霍光这样的人,不可能不骄傲。这是毛病。是性格的双刃剑。

霍光和明代的张居正差不多,在世时风光无限,刚下世就被抄家。是一种权力斗争,尤其是封建王朝,这种情形不少。所以曾国藩不敢太张扬,打赢了仗,急忙裁军。表示没有多余的想法。

但话又说回来,如果都没有多余的想法,二千年帝制如何结束?

谢安的名字响亮,是淝水之战。我一直奇怪,他怎么就算好笃定能赢?是后世文人的想象?如果没有这一战,他顶多是个名士而已。

他的人马比对手少那么多,为何还能安心下棋?很有点诸葛亮在空城弹琴的意味。但空城计不是诸葛亮的杰作,是罗贯中挪用别人的。也许,谢安是做个姿态,因人少,为安定军心才故意下棋。因他一向是名士派头,这次再名士一下也不妨。结果他赢了。

正如诸葛亮弹琴,既是给司马懿看,也是给自己内部人看一样。

谢安之后,再也没有人在如此大战前指挥若定。我听说的都是几天几夜睡不好觉,担心有意外发生,不按设计的套路走。

谢安不同于其他名臣,他不会专权。

贞观年代,有不少人中龙聚集在李世民周围。房玄龄、长孙无忌、李靖等等,一齐发光发热,才有贞观之盛。魏征表现得尤为突出。不仅在唐朝,就是放在任何朝代,如魏征这样敢于犯颜直谏的也不多。有人说是他背后有山东世族(河北、山东一带的世族)做支撑。恐怕还不好这样说,李世民起家也有山东世族支持。

据说有次,李世民在玩鸟。见他来了,急忙把鸟揣在袖筒里。他就一直奏事,直到把鸟憋死。这个故事有可能是后世根据魏征的性格编造的。

说到底,还是性格。萧何就不敢这样对刘邦。

狄仁杰和姚崇都是唐代的名相。

狄仁杰并不是只会破案。当代只重视破案和神探,是社会需要刺激之故。狄仁杰和姚崇似乎都不知道圆通为何物。即便天子犯错,也一样顶撞。

这样的人需要好领导。起码是能听得进意见的才行。

武则天喜欢杀人,但武则天也能听得进别人的意见。这让狄仁杰有用武之地。

我们不少时候总要为耿介之臣捏一把汗,难道他们不怕死?不怕。从殷商的比干到狄仁杰都不怕。能为皇上尽忠是一种光荣。所谓文臣死于廷谏,武臣死于战场。两千年就是这样走过来的。

站在正统的立场上,狄仁杰劝女皇立嗣,让李家继续坐天下,功劳至大。

名臣的角色不好扮演,你就是有天子的才干,也只能演臣子。不像今天的普京,一会儿总统,一会儿总理,来回换。

姚崇才干不小,但只能做宰臣。他有策略,武则天时期,有很多弊政,他不说,说了也没有用。到李隆基时再说。这就是聪明处。他的十条办法,被毛泽东誉为十条政治纲领,说古今少见。

名臣们既相互斗,也相互欣赏、推荐。狄仁杰推荐姚崇,姚崇推荐宋璟。形成名臣效应,才有“开元盛世”。

4

寇准是透明的人,不会作假。殿试时,年龄小,有人建议他虚报两岁,他不干。不能骗皇帝。

他不喜欢平庸,连及平庸的人。他想做大事业,但在赵恒这样小心眼的皇帝面前,他只能束手。

严格说起来,做一个宰相,是要平衡好各方面关系的,一个人本事再大,终究是一个人。但寇准不会。有些像后来的王安石。

寇准有冲劲,有棱角。他的性格决定他几起几伏。王旦、毕士安都稳重,有雅量。但缺乏斗牛士的精神。一个重臣,既是斗牛士,又须稳重,处理好周边关系。这样的人不大好找。

文天祥是火热的。

南宋小朝廷反复冷遇他,如不是元人入侵,怕要冷遇一生。一文弱书生起而抗元,希望渺茫。最终以满腔热血成就了一片忠心,可谓心昭日月。

文天祥心气极高,从中状元就可得知。他一再受挫,或许是他奋而抗元的一个原因。他的观念是宋廷再腐朽,也比蒙古人强。今天看来,这观点有些狭隘,但当时却无比正确。没有这种观点,汉民族就不会复兴。时至今日,有人在网上说他是政治流氓。实在是糊涂。请问,有拿自己的生命去当政治流氓的吗?

文天祥民族英雄的称号,应该到汉民族不复存在的那一天。只要有这个民族,他就是民族的脊梁。

他不仅是影响中国的人,还是感动中国的人。

明清之际,帝制衰朽。但名臣还不少。于谦、林则徐、曾国藩等等。

于谦的死让人惋惜,死于一朝天子一朝臣。全不顾他曾保卫京师的丰功伟绩。菜市口这样的冤魂不少。后来的袁崇焕也是一个。一百多年后才被平反。

性格决定命运。于谦的性格使他无论何时都不会弯腰。宁可粉碎……

他遇到了小人。

行刑这天,不知是阴霾连连大雨如注,还是晴空万里。于谦的心情定会极其复杂,如野马一样奔腾。但喝了断头酒,他回头一昂,吩咐刽子手:动手吧!

这是大写的人。

林则徐和民族紧紧相连。

世界将要走向融合，民族主义多少是个障碍。但相当长时间内，民族问题还会尖锐。试看今日中东。

民族英雄的强调，是民族精神的张扬。是对扩张、侵略的抵制。

抹杀了林则徐，会使民族蒙羞。

自岳飞到文天祥到林则徐莫不如此。

中国人直到现在还喜欢当官，是专制制度的影响，不是名臣的影响。主要是有特权。很多有智慧的人，挤到独木桥上。如果这些人进行科学研究，科学会有很大进步。

现在有年轻人，不喜欢诸葛亮“鞠躬尽瘁死而后已”，觉得太正经，太古板，也太累。这是时代的差别。不理解古人的行为和精神。

名臣能让执政者有三点思考。

1. 敢担当，没有一个名臣不是敢担当的。

2. 以国家利益、民众利益为根本。不为自己谋利益。

3. 与时代发展相吻合。名臣都是紧跟时代的，如林则徐。他们不是时代的落伍者。

名臣对我们普通人有没有一些启示？我想应该有。

无论过去和现在，人总需要成才。不一定都要做政治人，要多元化，其他专业人才都行。成才的道路大同小异。

《圣经》上说：“正因这缘故，你们要分外地殷勤。有了信心，又要加上德行；有了德行，又要加上知识……”

中外都是如此。

过去是一条独木桥，不能经商，不能办学，唯有做官。做官能实现自己的人生价值和社会价值。现在的路有千万条，看你走不走？怎么走？不外信心、德行、知识。

信心很重要，是第一步。相信自己，无论何时，对自己不能失却信心。现代化是好事，但现代化也使人心浮躁，社会压力大，很容易动摇甚至轻生。锻炼自己坚毅的性格，才能成才。

德行，就是道德品行。强调德行，是因为每个人都有两面性。丑陋一面即圣经上的说的原罪，随时会暴露出来。没有德行，再有才也是枉然。有德行，没有才，还不算大毛病。德行有很多方面，如仁爱：爱国、爱民……不要以为爱国的题目有些大。我总感慨美国人的爱国,这个没有多少历史的国家,很少有说美国不是的。但中国传统深厚,却总以为西方的月亮圆。长久下去,自己文化的传承就是问题。

再者要有足够的智慧,跳过障碍。做名臣障碍多多。比一般人要多很多,要应付皇上,对待同事……但他们有能力越过。

本文就要结束时,偶尔读到一篇网文,说陶铸在“牛棚”中读《名臣传》,这让我更增强了信心,名臣将会继续影响着人们。

主要参考文献

《二十四史》”中华书局 1984 年 3 月
毕 沅 《续资治通鉴》 线装书局 2009 年 12 月
修晓波 《文天祥评传》 南京大学出版社 2007 年
林崇墉 《林则徐传》 台湾商务印书馆
林庆元 《林则徐评传》 浙江文艺出版社 2000 年 8 月

图书在版编目（CIP）数据

品中国名臣/一退著. -上海：上海文艺出版社.2015.4(2021.3 重印)
ISBN 978-7-5321-5489-0
Ⅰ.①品… Ⅱ.①一… Ⅲ.①政治人物-人物研究-中国-古代
Ⅳ.①K827=2
中国版本图书馆 CIP 数据核字（2015）第 078167 号

责任编辑：魏心宏
封面设计：王志伟
插　　图：桑麟康

品中国名臣
一　退　著
上海文艺出版社出版、发行
上海绍兴路 74 号
新华书店经销　三河市嵩川印刷有限公司印刷
开本 650×958　1/16　印张 13.75　插页 2　字数 202,000
2015 年 4 月第 1 版　2021 年 3 月第 5 次印刷
ISBN 978-7-5321-5489-0/I・4376　　定价：29.00 元